Meditación

Una Guía Simple Para Aumentar La Positividad

(Meditación Para Principiantes Guiada Para Lograr La Espiritualidad Del Estado Zen)

Nera Ojeda

Publicado Por Daniel Heath

© **Nera Ojeda**

Todos los derechos reservados

*Meditación: Una Guía Simple Para Aumentar La Positividad
(Meditación Para Principiantes Guiada Para Lograr La
Espiritualidad Del Estado Zen)*

ISBN 978-1-989808-39-9

Este documento está orientado a proporcionar información exacta y confiable con respecto al tema y asunto que trata. La publicación se vende con la idea de que el editor no esté obligado a prestar contabilidad, permitida oficialmente, u otros servicios cualificados. Si se necesita asesoramiento, legal o profesional, debería solicitar a una persona con experiencia en la profesión.

Desde una Declaración de Principios aceptada y aprobada tanto por un comité de la American Bar Association (el Colegio de Abogados de Estados Unidos) como por un comité de editores y asociaciones.

No se permite la reproducción, duplicado o transmisión de cualquier parte de este documento en cualquier medio electrónico o formato impreso. Se prohíbe de forma estricta la grabación de esta publicación así como tampoco se permite cualquier almacenamiento de este documento sin permiso escrito del editor. Todos los derechos reservados.

Se establece que la información que contiene este documento es veraz y coherente, ya que cualquier responsabilidad, en términos de falta de atención o de otro tipo, por el uso o abuso de cualquier política, proceso o dirección contenida en este documento será responsabilidad exclusiva y absoluta del lector receptor. Bajo ninguna circunstancia se hará responsable o culpable de forma legal al editor por cualquier reparación, daños o pérdida monetaria debido a la información aquí contenida, ya sea de forma directa o indirectamente.

Los respectivos autores son propietarios de todos los derechos de autor que no están en posesión del editor.

La información aquí contenida se ofrece únicamente con fines informativos y, como tal, es universal. La presentación de la información se realiza sin contrato ni ningún tipo de garantía.

Las marcas registradas utilizadas son sin ningún tipo de consentimiento y la publicación de la marca registrada es sin el permiso o respaldo del propietario de esta. Todas las marcas registradas y demás marcas incluidas en este libro son solo para fines de aclaración y son propiedad de los mismos propietarios, no están afiliadas a este documento.

TABLA DE CONTENIDO

Parte 1 1

Introducción 2

1. El Estado Gamma 10
2. El Estado Beta 10
3. El Estado Alfa 10
4. El Estado Theta. 10
5. El Estado Del Delta 10

Conclusión 61

Parte 2 63

Introducción 64

Capítulo 1: ¿Qué Es La Meditación? 66

Capítulo 2: Beneficios De La Meditación Mindfulness: Principales Razones De Por Qué Es Lo Mejor Para Tu Salud Física Y Mental 76

Capítulo 3: Cómo Hacer Uso De La Meditación Mindfulness Para Transformar Tu Vida 85

Capítulo 4: Técnicas Básicas De Meditación Para Aliviar El Estrés 103

Capítulo 5: Vencer A La Ansiedad A Través De La Meditación 111

Capítulo 6: Cómo Ser Feliz A Través Del Mindfulness 121

Capítulo 7: Cómo Mejorar Las Relaciones A Través Del Mindfulness 132

Conclusión 140

Parte 1

Introducción

Este libro contiene pasos y técnicas que mejorarán su bienestar físico y mental y le permitirán obtener un nivel de control sobre sus respuestas emocionales a situaciones en su vida cotidiana.

En estas páginas encontrarás información sobre los orígenes de la meditación, cómo se propagó desde el mundo oriental y se adaptó a la vida moderna, al tiempo que conserva todos los beneficios experimentados por los practicantes de hace siglos, diferentes técnicas de meditación, una explicación completa del propósito y la importancia de sus puntos de Chakra y una guía para practicar la meditación y mucho más.

Descubra por qué y cómo se puede usar la meditación y cómo puede integrarse efectivamente en su vida moderna con poco esfuerzo. En poco tiempo será una parte importante de su rutina diaria y se preguntará cómo alguna vez logró vivir sin ella.

Gracias de nuevo por descargar este libro.

Los orígenes de la meditación

A pesar de su creciente popularidad en los últimos años, el arte de la meditación existe desde hace más de 5000 años. Se descubrieron y autentificaron antiguos artefactos de la India que representan la práctica de la meditación, y se encontró que las escrituras tántricas autenticadas y arcaica contienen referencias a esta técnica llamada "nueva era".

Se cree que los orígenes de la meditación se remontan a la vida de Siddhartha Gautama, también conocida como Buda de Guatemala, (no se conocen sus fechas exactas de nacimiento y muerte, pero se cree que están alrededor del 563 a.C. al 483 a.C.). Comúnmente conocido como solo "Buda" (que significa "iluminado"), se dice que nació en Nepal, (anteriormente conocido como Lumbini). Su padre, el actual Jefe / Rey, le dio a Buda todo lo que deseaba, excepto la libertad, prefiriendo ocultarle todo conocimiento tanto del sufrimiento como de la religión.

Se casó con su prima a la edad de 16 años y se cree que tuvieron un hijo, Rahula, pero a pesar de haber crecido con todas las cosas que el dinero y el privilegio podían proporcionar, junto con una existencia protegida de la influencia negativa, Buda permaneció intacto. Rechazó la riqueza material y, a la edad de 29 años, dejó a su familia y partió de su hogar en busca del verdadero significado de la vida.

El camino de Buda en Guatama lo llevó 420 km hasta Bodh Gaya en Bihar, India, hasta el templo de Mahabodhi. Es en los terrenos de este templo, debajo de las ramas de una antigua higuera, el "Árbol Bodhi", donde se cree que Buda encontró la iluminación. El árbol Bodhi todavía es considerado como uno de los sitios budistas más sagrados.

Esta iluminación animó a Buda a mirar más lejos en su búsqueda de la verdad que lo llevó al ermitaño, AlaraKalama. El ermitaño era un maestro de la meditación yóguica y aceptó a Buda como su alumno, enseñándole los secretos para lograr el perfecto estado mental de Conciencia y Ecuanimidad, el estado Dhyanic, o más simplemente, la Esfera de la Nada.

Buda pasó dos años con AlaraKalama hasta que no le quedó nada para enseñarle. Habiendo agotado el conocimiento del ermitaño, siguió buscando su próxima fuente de información.

Su viaje lo llevó a un bosque cerca de la capital de Magadha, Rajagriha. Fue aquí donde conoció al maestro y compañero meditador, UddakaRamaputta. Uddaka aceptó enseñarle a Buda todo lo que sabía de meditación y lo ayudó a alcanzar niveles más elevados de conciencia cuando estaba en su estado meditativo, pero al igual que Kalama antes que él, Uddaka pronto alcanzó el punto en el que Buda ha superado sus niveles de conocimiento.

A lo largo de los siguientes años de su vida, los escritos antiguos muestran que Buda tuvo 5 compañeros principales que compartieron su viaje de iluminación. Juntos, se privaron de todos los bienes materiales que muchos de nosotros damos por sentado y probaron hasta el límite todo tipo de auto mortificación, incluido un período de tiempo en el que renunciaron a la comida en su búsqueda del conocimiento espiritual.

Esta auto mortificación llevó a Buda a tener una experiencia cercana a la muerte. Débil por falta de comida, se desplomó en un río, por suerte, una niña de la aldea local estaba cerca y logró sacarlo del río y evitar que se ahogara. Mientras se recuperaba, Buda llegó a la conclusión de que tales medidas extremas no eran necesarias para la realización espiritual y personal, pero aún estaba descontento con los valores que la mayoría de los humanos asignaban a las cosas materiales.

Después de buscar en todo lo que había aprendido desde que se había ido de casa, llegó a la conclusión de que las enseñanzas de su primer maestro, AlaraKalama, eran el camino a seguir y proclamaron lo que luego se convertiría en su primera enseñanza:

"El camino medio es el camino de la moderación, entre los extremos de la sensual indulgencia y la auto mortificación".

Este pensamiento lo llevó a desarrollar las cuatro nobles verdades que constituyen el corazón del budismo.

1. La verdad del sufrimiento.

2. La verdad de la causa del sufrimiento.

3. La verdad de la libertad del sufrimiento.

4. La verdad del camino para eliminar el sufrimiento.

Se dice que, al dominar las cuatro nobles verdades alcanzará un lugar de completa y total tranquilidad que lo dejará libre de influencias negativas, un estado conocido como Nirvana.

Años más tarde, Buda accedió a impartir sus conocimientos sobre otros, compartiendo sus técnicas de meditación y las ideas que había adquirido. Estas enseñanzas se extendieron por el mundo oriental y pronto otras culturas y religiones comenzaron a adoptar prácticas meditativas, adaptando las técnicas y enseñanzas a sus creencias.

A pesar del uso generalizado de la meditación, tomó hasta mediados de la década de 1900 antes de que el mundo occidental se pusiera al día y comenzara a incorporarlo al estilo de vida moderno.

Nirvana es el pináculo de la meditación y pocos de nosotros somos lo suficientemente disciplinados, o tenemos suficiente tiempo libre para practicar a este nivel, pero esto no significa que no podamos obtener los beneficios de meditar y mejorar nuestros estados físicos, mentales y emocionales.

Los beneficios de la meditación

El único objetivo de la meditación realizada por todos los practicantes de este arte, tanto expertos como novatos, es equilibrar lo mental y lo emocional con lo físico para crear un bienestar general.

A pesar de ser lento en adoptar la práctica, el mundo occidental ha invertido mucho tiempo y recursos en estudiar los beneficios de la meditación y por qué y cómo una práctica tan simple puede tener un impacto tan enorme en nuestra salud.

Después de descubrir el daño que causa el estrés en nuestro sistema y de la frecuencia con la que está vinculado a desencadenar enfermedades físicas y mentales, aprende la capacidad de dejar de lado nuestro estrés y obtener un nivel de control sobre los procesos y reacciones mentales, sin la ayuda de medicación, ha sido activamente alentado por muchos profesionales médicos.

Cada vez más, las enfermedades mentales como depresión, adicciones, estrés y ansiedad se tratan con la meditación. A partir de éste tratamiento, muchos profesionales también han visto una reducción en sus problemas físicos, al mostrarse mejoras en los problemas cardíacos, enfermedades relacionadas con el dolor y cansancio crónicos, presión arterial, memoria, problemas digestivos y deficiencia inmunológica.

Para obtener todos estos beneficios y más,

no debemos hacer nada más que aprender a aprovechar nuestra energía vital (prana) y dirigirla a través de nuestros puntos de chakra entre 15 y 30 minutos cada día.

Por supuesto, al principio no es tan simple como esto, pero con un poco de práctica descubrirá que puede hacerlo sin pensarlo; Te será tan fácil como respirar.

Hay 5 diferentes estados de actividad dentro del cerebro, estos son:

1. El estado gamma

2. El estado beta

3. El estado alfa

4. El Estado Theta.

5. El estado del Delta

Cuando el cerebro está en estado gamma, está funcionando a un nivel de hiperactividad. Este es el estado donde el cerebro está trabajando a un mayor nivel de actividad y está absorbiendo y reteniendo más información de lo habitual.

Los niveles altos de gamma significan una mayor capacidad para enfocar y concentrar la mente, procesar información nueva o vieja y recordar algo olvidado. Además, cuando en un estado gamma nuestros sentidos aumentan y somos más conscientes de nuestro entorno, tanto físico como mentalmente, nuestros niveles de felicidad aumentan y tenemos un mejor sentido de la compasión y el autocontrol.

Los neurocientíficos han realizado muchos experimentos en el estudio de la meditación en relación con el estado gamma y sus hallazgos han demostrado que, al entrar en un estado meditativo, la actividad gamma aumenta junto con la actividad en el lado izquierdo del cerebro y la actividad del lado derechodel cerebro disminuye.

Debido a su nivel de alta intensidad, si está sobreestimulado, el estado gamma puede causar niveles elevados de ansiedad.

El estado Beta es el estado usual de la

mente consciente para la mayoría de las personas. Este es el estado en el que estamos despiertos, el estado que nos permite pensar, analizar, resolver problemas y hacer planes, y es el estado donde la mayoría de nosotros pasamos nuestras vidas despiertas.

Beta se trata de estar alerta y activo mentalmente, sin embargo, debido a su nivel de actividad, este es también el estado responsable de pensar demasiado y preocuparse.

El estado alfa ha sido apodado por algunos como la "Puerta al subconsciente". Este es el estado mental relajado, calmado, consciente y placentero. Es ligero y reflexivo y permite su imaginación y creatividad, visualización y sueños diurnos.

El estado de Theta es el siguiente nivel de conciencia. Nuestro subconsciente es abierto y accesible y nuestra mente consciente está tranquila y ha retrocedido a un segundo plano. Entramos en Theta cuando nos dormimos, pero también cuando estamos en un estado de meditación profunda. Eres consciente del entorno que te rodea, pero te liberas de las limitaciones y distracciones de la vida cotidiana. Tu intuición es tangible y la verdadera naturaleza de ti mismo se revela para que la veas.

El estado mental final es Delta, nuestro estado más profundo y más lento, y generalmente solo se alcanza cuando se está en las profundidades del sueño. Este es Nirvana, un lugar al que los devotos más dedicados, como los monjes budistas, pueden alcanzar a través de la meditación.

Este nivel es donde nuestra mente espiritual puede conectarse con el universo y estar en paz. Este nivel también se puede utilizar para regenerar los aspectos mentales y físicos de nuestro ser de la misma manera que lo hace un sueño profundo y reparador.

El Dr. Herbert Benson de la Escuela de Medicina de Harvard ha realizado muchos estudios sobre la meditación. Sus hallazgos han demostrado que, durante la meditación, nuestro flujo sanguíneo cambia del estado normal de vigilia, donde se dirige al sistema nervioso simpático y, en cambio, viaja al sistema nervioso parasimpático. Mientras que en la superficie esto podría no parecer una gran diferencia, el sistema nervioso simpático es lo que gobierna nuestra lucha o reflejo de vuelo. Este reflejo es responsable de la mayor parte de la ansiedad y la confusión que sentimos.

La redirección del flujo sanguíneo nos permite alcanzar un nivel de calma que de otra manera no podríamos experimentar. Así como el estrés tiene un gran impacto negativo en nuestro bienestar mental y físico, esta calma otorga un nivel de impacto similar, pero de una manera positiva y de esta manera obtenemos muchos beneficios para la salud.

La meditación diaria ayudará a aliviar el estrés y la ansiedad que conducen a beneficios de salud a largo plazo. Después de un corto período de práctica regular, comenzará a notar pequeñas mejoras en su salud general y en su estado mental, pero al igual que con todas las cosas, para lograr los beneficios a largo plazo asociados con la meditación regular, necesitará trabajar esta práctica en su vida diaria.

Como dije en el capítulo uno, no necesita más de 15 a 30 minutos por día para la meditación, esto es un mínimo, pero es realmente una decisión personal cuánto tiempo continúe meditando cada vez.

Al principio, es posible que necesite un poco más de tiempo, ya que primero debe aprender a pasar a un estado meditativo, pero con la práctica se volverá más y más competente en esto hasta que pueda hacerlo casi al instante y con poco o nada de esfuerzo.

La importancia delChakra en la meditación

Muchas personas han oído hablar de Chakra, pero su conocimiento de ellas es limitado, pero el uso correcto de estos puntos de energía dentro del cuerpo puede mejorar el bienestar físico y mental. Si bien no es esencial utilizar su Chakra cuando medita, sin duda será beneficioso si lo hace. Entonces, ¿qué son los chakras y cómo los usas?

Los puntos de chakra son puntos de energía centralizados dentro de su cuerpo que ayudan a regular y estabilizar las funciones corporales y mentales que controla cada punto. Desde su sistema inmunológico, órganos vitales y procesos mentales y emocionales, todo puede verse afectado y equilibrado a través de su Chakra correspondiente.

La energía, a menudo llamada fuerza vital o prana, recorre todo el cuerpo y pasa a través de los chakras, muy similar a la forma en que nuestra sangre se transporta a través de las venas. Usando esta misma analogía, muchas de las venas a través de las cuales fluye la sangre son bastante pequeñas, pero tenemos algunos canales más grandes, arterias. Esto es lo mismo con los puntos de Chakra. Según los meditadores orientales, hasta 72 mil corrientes de energía menor, Nadis, se han encontrado en un momento dado a través de los numerosos puntos de Chakra.

Sin embargo, no es necesario preocuparse por esta cantidad de Nadi, ya que cada uno de ellos proviene de la corriente de energía central, la Sushuma, y esto se controla mediante los siete chakras principales. Al adaptar y mantener el flujo de su prana a través de estos 7 puntos, todos los beneficios se aplicarán directamente a las corrientes de menor energía. Pero, ¿por qué es necesario?

Al igual que sus arterias principales, sus puntos principales de chakra pueden obstruirse y bloquearse, deteniendo o reduciendo el flujo de prana natural del cuerpo de manera efectiva. Esto lleva a numerosas repercusiones en la salud, tanto físicas como mentales.

Las emociones negativas pueden ser responsables de causar muchos de estos bloqueos. Aprender a administrar y corregir su flujo de energía limpiando el Chakra y eliminando cualquier bloqueo le ayudará a recuperar un equilibrio natural de las energías.

Familiarizarse con la apertura y el cierre de sus Chakras se puede hacer al mismo tiempo que, mientras aprende a meditar y una vez que se domine, se puede realizar una limpieza de sus chakras con regularidad durante su meditación diaria.

Al igual que con aprender a calmar su mente para meditar de manera efectiva, la apertura y el cierre de su Chakra requerirá un poco de práctica, pero se vuelve más fácil rápidamente y pronto será algo que usted es un adepto a hacer.

Nuestro prana no está restringido a nuestro cuerpo interno. Su ciclo a través de nuestro cuerpo incorpora la capa exterior de nuestro ser. La energía de la fuerza vital fluye alrededor, luego sale de su circuito interno y forma una barrera a nuestro alrededor antes de regresar hacia adentro. Si nuestros puntos Chakra principales están libres de obstrucciones, esta energía tiene un flujo continuo. El prana externo se conoce como nuestra Aura.

Nuestro campo de prana se compone de 7 fuentes principales de Chakra, Aura y otras 3; El Cuerpo Físico, el Hara y el Espíritu.

El 'Cuerpo Físico' abarca todos los aspectos

físicos de nuestro yo, los tejidos blandos, los músculos, las venas, el sistema digestivo, el sistema reproductor y la piel, de hecho, todo lo físico que conformamos, desde el órgano más grande hasta la molécula más minúscula.

El "aura" puede ser visto por el ojo físico, aunque no todos pueden discernirlo. Se ve más como una bruma o neblina que rodea a una persona y está teñida de color, pero como con todo, se requiere práctica para verla. Al aprender a abrirse a la energía universal, puede comenzar a reconocer las auras externas de los demás, pero este reconocimiento no es de ninguna manera su objetivo, simplemente es una ventaja que se agrega a una mente y a un cuerpo tranquilo y conectado.

El aura está formada por una amalgama de las energías que fluyen a través de sus 7 puntos principales de Chakra y las formas y el tipo de campo energético que rodea el cuerpo. ¿Alguna vez conoció a alguien y sintió una inquietud inexplicable por esa persona, o entró en una habitación e inmediatamente experimentó una emoción similar a la de alguien con quien entró en contacto, pero no entiende por qué también se siente triste, feliz o emocionado?

Esto se debe a que su aura es susceptible a las emociones y pensamientos tanto de usted como de quienes lo rodean. Tal vez no es usted quien lo ha experimentado, ¿puede pensar en un momento en el que se ha estado divirtiendo, pero en el fondo de su mente tiene preocupaciones que le molestan y alguien cercano a usted le pregunta al azar qué está mal? Su aura ha captado su emoción, a menudo sin que ellos se den cuenta de que eso es lo que ha sucedido.

Al aprender a administrar su prana interno, también estará administrando su aura.

El "Hara" es una puerta de entrada a un nivel de energía mucho más profundo que podemos utilizar para lograr nuestros objetivos. Es la base de nuestra fuerza interior y está formada por energía pura y sin adulterar. No contiene ningún indicio de emoción o condicionamiento humano y, cuando hemos logrado un equilibrio completo de nuestro prana, podemos sumergirnos en el hara a voluntad, sacando de él lo que necesitamos. Esta puerta de enlace se encuentra a 2 pulgadas detrás de la marina.

Un ejemplo del uso de las energías del hara es bastante conocido, aunque la mayoría de nosotros no lo reconocemos por lo que es. ¿Cuántas veces has visto una actuación de Karate o alguna otra forma de arte marcial y te has preguntado cómo es posible lo que están haciendo sin un dolor extremo? Hombres o mujeres mayores y de aspecto frágil que pueden atacar a un combatiente joven, ágil y extremadamente en forma que nos llevaría a muchos de nosotros fuera del juego durante bastante tiempo, sin embargo, permanecen inmóviles e inquebrantables como si nada los hubiera tocado. Esto se debe a que están utilizando la energía del hara.

Como lo han hecho, todos podemos llegar a un punto en el que también podemos llegar a través de esta puerta de enlace y aprovechar el poder en bruto que existe cuando lo deseamos. Requiere mucho más enfoque y práctica, y la simple meditación por sí sola no le permitirá alcanzar este nivel, sin embargo, la práctica sostenida mientras medita la voluntad y si esta es su meta, definitivamente se puede lograr.

El espíritu es la totalidad del yo espiritual. Es la acumulación de todo lo que eres y todo lo que puedes ser menos el cuerpo físico. El espíritu eres tú. Nuestro cuerpo físico no es más que una prenda de vestir que debemos usar para permitirnos interactuar con la vida a nivel físico y el espíritu es lo que seguiremos siendo cuando nuestro cuerpo físico se haya agotado. Es el nivel más alto de nuestro ser y para despertar completamente, debemos conectarnos con él. La conexión con tu verdadero ser es la única forma en que llegarás al Nirvana.

Esto puede parecer una tarea imposible. Estamos limitados a los demás por las limitaciones sociales y las emociones, pero en verdad, si bien estos aspectos son una parte necesaria de la vida, tienden a gobernarnos. Esto dificulta el reconocimiento de nuestros verdaderos seres internos. Conectarse con su espíritu no significa que deba ignorar estas reglas y emociones. El espíritu es, en su forma más básica, el AMOR PURO; amarte a ti mismo y amar a tu prójimo, y aceptar esto significa que puedes incorporar emociones y construcciones sociales en tu vida, pero de tal manera que también te estás siendo fiel a ti mismo.

Los siete puntos Chakra principales están representados por un color particular junto con ciertos elementos físicos y emocionales que están vinculados a él. Para poder abrir y cerrar sus Chakras, deberá comprender las funciones y el color asociados con él.

Los Siete Puntos Chakra Principales
El Chakra De La Raíz - Rojo

Este es el primero de tus principales puntos de Chakra y se basa en el área pélvica. Ésta es la raíz de su energía física y está vinculada a la supervivencia humana. Proporciona la estabilidad que necesitamos para mantener funcionando todas nuestras funciones físicas.

Éste Chakra trata sobre todas las cosas relacionadas con la autoconservación de nuestro ser físico y trabaja para mantenernos en tierra. Sus principales áreas de función son los riñones, la columna vertebral, la próstata, las glándulas suprarrenales (responsables de las hormonas) y la vejiga.

Un ChakraDe La Raíz bloqueado presentará problemas con pensamientos y comportamientos agresivos, inquietud, desequilibrio psicológico, dudas personales, disfunciones sexuales, enojo y problemas psicológicos asociados con la alimentación. Estos problemas pueden causar síntomas físicos como impotencia e hipertensión y ataques de pánico.

El Chakra Sacro, (WombChakra) – Naranja

El segundo chakra principal se basa directamente entre el ombligo y la pelvis. Este Chakra tiene que ver con el placer, desde la creatividad, la energía sexual y la reproducción física, y rige las áreas físicas de nuestras piernas y órganos reproductivos.

Tu prana fluye hacia arriba a través de tu Chakra Raíz y dentro y a través del Chakra Sacro. Los bloqueos encontrados en este punto de energía se manifestarán como depresión, conductas de dependencia, adicciones, falta de imaginación y todo lo creativo y placentero, como el apetito sexual y la irracionalidad.

Un ChakraSacro bloqueado también puede ser responsable de problemas reproductivos, como la infertilidad y una anomalía en los ciclos menstruales, problemas renales y urinarios, dolor de espalda e intestino.

El chakra del plexo solar – amarillo

El tercer chakra se encuentra en el Ombligo y está relacionado con nuestro páncrea, hígado, vesícula biliar y estómago. También es responsable de las funciones mentales que gobiernan nuestro sentido de quiénes somos y nuestro ego.

Este sentido del yo gobierna lo que reconocemos de nuestro verdadero ser, lo que queremos, lo que necesitamos y cuánto control tenemos sobre esas cosas.

Cuando la energía puede fluir libremente a través de este punto Chakra, obtenemos un nivel equilibrado de confianza en nosotros mismos y un sentido de control sobre nuestros pensamientos y acciones.

Cuando este Chakra está bloqueado u obstruido, nuestro sentido de quiénes somos se nubla, la ansiedad y la duda sobre nuestros pensamientos y acciones se convierten en la norma y los intentos de ejercer control sobre los demás son una necesidad cada vez mayor a medida que perdemos el control y la creencia de nosotros mismos. Los planes se hacen sin ninguna claridad de pensamiento y, en última instancia, rara vez se realizan.

Un chakra del plexo solar bloqueado también se atribuye a problemas con el peso y la digestión, problemas respiratorios, problemas de órganos, dolores nerviosos, úlceras e incluso diabetes.

El chakra del corazón – verde

Ubicado en el centro del cofre, el Chakra del corazón es representativo de la compasión, las emociones, la paz, la armonía, el amor incondicional y el equilibrio. Este Chakra es la puerta a nuestra conexión con nuestro espíritu. Gobierna el sistema circulatorio, corazón, timo, hígado y pulmones.

Un chakra del corazón bloqueado se presenta con sentimientos de soledad, desconfianza hacia quienes nos rodean, autocrítica y juicio de los demás y sentimientos de ansiedad social y la necesidad de aislarnos, física y mentalmente, de la interacción social.

Los efectos físicos de tener un Chakra del Corazón obstruido o bloqueado son ataques de pánico o ansiedad relacionados con situaciones sociales, problemas de circulación y problemas con el sistema respiratorio.

El Chakra De La Garganta – Azul

Ubicado en la garganta, este Chakra se

ocupa de todo lo relacionado con la autoexpresión, la comunicación, la honestidad y el conocimiento. Este Chakra es también el centro base de la sabiduría y cuanto más te acerques al nivel de Nirvana, mayor será la fuente de la sabiduría. El Chakra de la garganta también está conectado a la parte superior de los brazos, los pulmones, el sistema digestivo y la glándula tiroides, así como a la garganta.

Si su Chakra de la garganta se bloquea, puede presentar síntomas que incluyen dolor de garganta, úlceras en la boca y problemas en las encías, laringitis, dolores de cabeza, dolor de cuello y problemas de tiroides.

También puede desarrollar problemas similares a los de un chakra del corazón bloqueado. Los problemas con las situaciones sociales son un problema común para las personas con bloqueos en este Chakra, junto con una dificultad para comunicar sus pensamientos, comportamientos erráticos y un creciente desapego de la vida en general y especialmente de las personas.

El chakra del tercer ojo – púrpura

Este chakra se basa en el centro de la frente, justo por encima de las cejas. Está conectado a nuestra intuición, visión espiritual y despertar y nuestra imaginación. El chakra del tercer ojo también es responsable de la glándula pituitaria, las orejas, la nariz, el ojo izquierdo, el cerebro inferior y la columna vertebral.

Cuando está completamente abierto, este Chakra reduce las barreras entre los mundos físico y espiritual.

Cuando está bloqueado, este Chakra presenta síntomas relacionados con paranoia, pensamientos delirantes, ansiedad y depresión, junto con síntomas físicos de ciática, problemas de sinusitis, problemas con la vista, migraña y convulsiones.

El Chakra Corona – Blanco

El chakra corona se basa cerca de la glándula pineal en la parte superior (corona) de la cabeza. Este Chakra es el lugar donde tenemos pleno acceso a la esencia misma de nuestro ser y, cuando estamos energizados en equilibrio, es donde podemos alcanzar la sabiduría y alcanzar la plena conciencia espiritual de uno mismo. Es responsable de nuestro ojo derecho, la parte superior del cerebro y la glándula pineal.

Cuando éste Chakra esté obstruido o bloqueado, los problemas de conexión con otros, en cualquiera y todos los niveles, comenzarán a desarrollarse. La soledad se convierte en una emoción regular y se experimenta una desconexión con uno mismo. El pensamiento avanzado se vuelve difícil y la incapacidad de hacer planes y pensamientos directos a menudo está vinculada al flujo de energía a través de este Chakra.

Además de los problemas mentales y emocionales, a menudo hay síntomas físicos que se manifiestan como insomnio, depresión, dolores de cabeza, delirios, dolor nervioso y problemas neurológicos.

Cómo meditar

Hay varios componentes para meditar con éxito, algunos se basan en el simple sentido común, mientras que otros deben aprenderse, pero los conceptos básicos de la meditación en su conjunto se pueden aprender en un corto espacio de tiempo. Dominar el arte una vez que hayas aprendido lo básico es donde necesitarás paciencia, práctica y un poco de disciplina.

Antes de comenzar, tendrá que decidir qué técnica de meditación le gustaría hacer (se detallan diferentes técnicas en el siguiente capítulo), y si realmente desea incorporar la meditación en su vida de manera regular, tendrá que elaborar una rutina. Reserve un intervalo de tiempo cada día de entre 15 y 30 minutos y asegúrese de que sea un período de tiempo en el que no lo molestarán. Este será tu tiempo de meditación.

Una vez que tenga más experiencia en la meditación, puede seguir esta rutina o no, eso depende solo de lo que funcione mejor para usted. Muchas personas encuentran que las mañanas son el mejor momento para la meditación, ya que las prepara para el día, pero una vez que estás acostumbrado a meditar, puedes jugar con tus tiempos y ver qué funciona para ti.

Además, la cantidad de tiempo que pasas meditando depende de la elección personal. Para empezar, decida su período de tiempo y establezca un temporizador. No es necesario que se detenga cuando se apaga el temporizador, pero si tiene poco tiempo, este límite preestablecido le ayudará a relajarse. La observación del reloj y la meditación no van de la mano.

Los pasos para meditar son los siguientes:

1. comodidad

2. medio ambiente

3. respirar

4. puesta a tierra

5. Abriendo tus chakras

6. Meditación

7. Cerrar tu chakra

Comodidad

La comodidad puede sonar como algo obvio cuando se realiza una meditación, pero debe tenerse en cuenta. Muchas personas no se sienten cómodas sentadas en posición de loto (piernas cruzadas) durante más de unos pocos minutos, así que vaya con lo que le resulte más cómodo.

Si elige la posición de loto, consiga un cojín cómodo para sentarse. Un suelo duro puede distraerlo si no está acostumbrado. También puede sentarse en una silla o, mi favorito personal, una pelota de ejercicios, (pero necesitará un buen equilibrio si elige esta opción). La meditación se puede hacer recostada, pero no aconsejaría esto a menos que pueda garantizar que no se quedará dormido.

Independientemente de cómo se siente, asegúrese de que sea una posición en la que pueda sentarse cómodamente durante un período de tiempo con la postura erguida. Cambiar de posición mientras meditas romperá tu enfoque e interrumpirá la calma que has creado dentro de tu mente y cuerpo.

Ambiente

Donde medites es tan importante como tu comodidad. Teóricamente, la meditación se puede hacer en cualquier lugar, tanto en interiores como en exteriores. Cuando haya dominado el arte, descubrirá que puede desconectarse de la mayoría o de todos los ruidos y distracciones que lo rodean, pero esto no sucederá sin mucha práctica.

Encuentre un lugar tranquilo donde no le molesten los ruidos ni las interrupciones. Aprender a meditar en una habitación llena de gente no tendrá éxito. Si, como muchas personas, su vida en el hogar está ocupada, decida cuándo va a practicar y dígales a los que lo rodean que no debe ser molestado.

Asegurar este período de soledad puede ser difícil de lograr, pero con el tiempo, los que te rodean aprenderán cuando estés meditando y te dejarán en este. Si esto realmente no es posible dentro de su hogar, busque un lugar tranquilo fuera de su entorno familiar. Hay muchos centros que ofrecen lugares tranquilos para meditar.

Respiración

La respiración meditativa no es lo mismo que la respiración normal. Sí, sigues inhalando y exhalando, pero es un ejercicio concentrado y controlado. Algo de lo que eres consciente, en lugar de simples respiraciones.

Comienza cerrando los ojos y relajando tu cuerpo. Toma conciencia de tu respiración. Ahora respire lenta y prolongadamente por la nariz contando 3 o 4 segundos. Siente la respiración cuando entra en tu nariz y luego llena tus pulmones. Observe su pecho y / o estómago expandiéndose. Mantente enfocado en tu respiración; Exhale lentamente por la boca durante 3 a 4 segundos. Siente el aire que sale de su cuerpo y los pulmones y el pecho / estómago se desinfla.

Continúa respirando de esta manera, mantente consciente de las respiraciones y mantén tu mente concentrada en cómo respiras excluyendo todo lo demás. Mientras continúas respirando, imagina que el aire que inhalas está lleno de energía positiva que estás absorbiendo profundamente dentro de ti. Con cada exhalación estás derramando toda tu negatividad con el aire mientras exhalas.

Toma de tierra

Una vez que tu mente esté en calma, reconoce que estás conectado con la tierra, que tus pies tienen raíces que se extienden profundamente en la tierra. Con el tiempo llegarás a hacer esto de forma natural, pero para comenzar tendrás que visualizar mentalmente las raíces que vienen de tus pies al suelo.

Ahora enfócate en las raíces e imagina la energía que sube a través de la tierra, a tus raíces e inunda tu cuerpo. Comience con su pie derecho y sienta que la energía sube por las plantas de sus pies y se extiende hacia arriba en su pierna. Continúa dibujando esta energía hacia arriba y continúa extendiéndolo por tu lado derecho hacia la parte superior de tu cabeza y luego hacia abajo por tu lado izquierdo.

Deje que la energía fluya de regreso al suelo a través de las raíces de su pie izquierdo antes de volver a elevarse a través de su lado derecho hacia afuera. Deja que la energía se convierta en un flujo constante y continuo a través de tu cuerpo.

Ahora se ha conectado a tierra y está listo para abrir sus Chakra.

Abriendo los Puntos Chakra

Antes de comenzar, trate de aprender los colores de los puntos de Chakra y el orden de los colores de abajo hacia arriba, esto ayudará a mantener su enfoque. Si está luchando para recordarlos, haga una lista de los colores para que los acompañe las primeras veces hasta que los conozca todos. La visualización es un componente clave para abrir y cerrar los Chakra, así que practique esto por un tiempo antes de comenzar su rutina de meditación. Al igual que con todas las cosas, puede tomar un tiempo entenderlo, pero no te desanimes, todos pueden visualizar las cosas, solo necesitas un poco de perseverancia cuando empiezas a hacerlo.

Usando la energía que fluye a través de su cuerpo desde la conexión a tierra, comience a dirigirla hacia su Chakra raíz. A medida que regresa al suelo a través de su pie izquierdo, redirija hacia arriba y hacia adentro a su pelvis en lugar de permitir que regrese a través de su pie derecho.

Vea esta energía como una corriente de luz pura y blanca. Ahora enfócate en el chakra mismo. Para visualizar el chakra, necesitarás encontrar algo que asociar con él que pueda verse afectado por la energía que ingresa. Algunas personas usan una bombilla del color del chakra, visualizando una bombilla que se enciende cuando la energía fluye hacia ella, otras la ven como un capullo de flor que se abre, usan el símbolo con el que se conectan más fuerte.

Para el propósito de este libro, usaré una bombilla, ya que esta es una de las formas más simples.

Vea el chakra como una bombilla roja que no está conectada a ninguna fuente de energía. Lleve el flujo de energía hacia la bombilla y observe cómo se ilumina. (Esto puede requerir algo de práctica para fortalecer sus habilidades de visualización, pero una vez que lo domine, descubrirá que es extremadamente fácil para usted). Una vez que se enciende la bombilla, ha abierto con éxito su chakra raíz.

Toma esta energía desde el chakra raíz hasta tu chakra sacro. Como antes, visualice la bombilla, pero esta vez haga que la bombilla sea de color naranja. Dirige la energía hacia arriba y atraviesa este punto de chakra, enciende la bombilla al pasar.

Continúe con la corriente de energía a través de los chakras restantes, teniendo cuidado de asegurarse de usar la bombilla de color correcta para corresponder con el punto de chakra que está abriendo.

Termina con tu corona de chakra. Una vez que se abra, deberá reencaminar el flujo de energía para permitir que continúe circulando alrededor de su cuerpo y a través de sus puntos de chakra.

Una vez que la energía haya pasado a través de su chakra de la corona, puede elegir separar la corriente en dos y dejar que fluya hacia atrás por sus lados derecho e izquierdo, hacia afuera a través de ambos pies y hacia atrás a través de su pelvis, aquí formará unaruta y continua a través de los chakras y retroceda a través de sus pies o, puede enviar la energía hacia arriba a través de la parte superior de su cabeza y permitir que caiga en cascada alrededor de su cuerpo externo y retroceda a través de la pelvis hasta los chakras.

La elección es totalmente personal. Mi preferencia es permitir que la energía salga por mi cabeza proporcionando una barrera protectora contra las influencias externas negativas mientras estoy abierto y meditando, pero haga lo que le resulte más cómodo.

Limpieza del Chakra.

Si desea limpiar sus chakras y eliminar los bloqueos que puedan haberse acumulado, este es el momento ideal para hacerlo. Para empezar, es probable que no reconozca dónde están los bloqueos, pero con el tiempo estará en sintonía con su cuerpo y podrá sentir donde la energía está luchando para fluir adecuadamente.

Continúe visualizando el flujo de energía por donde ingresa a su cuerpo justo debajo del chakra de la raíz. Ahora imagina que hay un grifo en la entrada de tu cuerpo. Este grifo está abierto para permitir el flujo de energía, pero no está completamente abierto. Afloje suavemente el grifo para que la energía pueda fluir más rápido. Abra el grifo completamente para que la energía entre en su cuerpo muy rápidamente y se abra paso a través de los puntos de chakra a medida que viaja a través de su cuerpo.

Al liberar el límite del flujo de energía, está creando una fuerza de energía bruta altamente presurizada que explotará a través de los bloqueos y los dispersará. Continúe haciendo esto durante dos o tres minutos antes de bajar el grifo. Deje el grifo abierto, pero no completamente, para que la energía pueda moverse libremente alrededor de su cuerpo en un ritmo suave y constante.

Meditación

Ahora estás sentado cómodamente, estás concentrado en tu respiración, tus chakras están abiertas y, quizás, hayas limpiado tus puntos de chakras, así que ahora estás listo para meditar.

Elija el estilo de meditación que desea hacer (ejemplos en el siguiente capítulo) y relájese y disfrútelo.

Cerrando los Puntos Chakra

Cerrar tu Chakra es extremadamente importante una vez que hayas terminado de meditar. Debería dejarlos ligeramente abiertos para permitir que la continuación de la energía fluya sin restricciones, pero asegúrese de cerrar el grifo lo suficiente para que solo fluya un goteo lento hasta que sea capaz de controlar su energía.

Al perderse este paso importante, se dejará abierto para que otros lo drenen de la energía o, sin darse cuenta, drene a las personas que lo rodean de su energía.

Para cerrar sus puntos de chakra,

simplemente invierte el proceso que usaste al abrirlos. Comience en su chakra corona y avance hacia el chakra raíz.

Visualice la energía que fluye hacia el chakra de la corona y, lentamente, atenúe la luz. No lo apague por completo; Déjalo con un brillo tenue y suave. Ahora baja al chakra del tercer ojo y atenúa esta bombilla. Continúa hacia abajo hasta tu chakra raíz.

Una vez que haya cerrado su Chakra, tómese un minuto para volver tranquilamente su respiración a un ritmo normal y constante.

Estilos de meditación

Si bien los objetivos principales de la meditación pueden haberse mantenido a lo largo de los siglos, a medida que el conocimiento del arte se difundió por el mundo oriental y se practicó más ampliamente, algunas de las técnicas de aplicación se adaptaron a las culturas o religiones que lo adoptaron. A medida que se extendió al mundo occidental, los estudios científicos sobre los beneficios de la meditación se volvieron bastante prolíficos y sus principios básicos se adaptaron para encajar en ciertos nichos a medida que se hacía más y más popular dentro de la profesión médica.

Ahora se practica de manera tan amplia, y con una variedad de técnicas, que seguramente habrá algo que se adapte a todos. Sea cual sea la forma que elija para meditar, el objetivo principal es el mismo, para lograr un nivel de calma, tranquilidad y equilibrio entre la mente, el cuerpo y el universo. La única diferencia es cómo lo consigue hasta el punto de ingresar y mantener su estado meditativo.

En este capítulo explicaré las diferentes formas en que una variedad de religiones usa la meditación y algunas de las diferentes técnicas más utilizadas. Siéntase libre de adaptarlos a sus preferencias personales de la manera que más le guste, ya sea una estricta adherencia a la técnica meditativa de su elección o el uso de elementos de muchas técnicas para lograr el más alto nivel de confort para satisfacer sus necesidades particulares.

Técnicas de la meditación
Vipassara

Vipassara es una técnica tradicional que tiene sus orígenes en el siglo VI aC. Se traduce en Insight y Clear Thinking y se basa en el enfoque de la respiración.

Para practicar Vipassara, necesitarás sentarte en una posición en la que tu columna vertebral esté erguida pero no esté apoyada. La posición de loto es el asiento ideal para esta forma de meditación.

El objetivo de Vipassara es lograr una completa conciencia de tu cuerpo espiritual y físico. Esto se hace enfocando su mente en su respiración y su efecto en su cuerpo. Se trata de los sonidos, los olores, los sentidos y el sentimiento físico y luego el desprecio de todos ellos.

La práctica exitosa de esta técnica implica reconocer todas las cosas, pero disociarlas con lo físico. Todo se generaliza como un sonido, un movimiento, un dolor, etc. Por ejemplo, puede estar meditando y alguien pasa por la puerta,escuchará físicamente sus pasos, pero en lugar de reconocer esto como los pasos de una persona que camina, lo relegará al sonido y al movimiento sin un título específico en cuanto a qué es ese sonido o movimiento. Del mismo modo, es posible que sufra de dolor de estómago, esto se reconoce como dolor en lugar de dolor de estómago.

El objetivo de esto es eliminar todas y cada una de las distracciones mediante la generalización en lugar del reconocimiento del título para que no puedas concentrarte en nada y permitir que tu mente te lleve a donde quiera, sin pensamientos ni preocupaciones conscientes que causen distracciones.

Zazen (Zen)

La técnica de meditación zen se remonta a la tradición budista china. Se traduce en "meditación sentada" y, a diferencia de Vipassara, se enfoca directamente en la posición del asiento mientras se medita.

Los budistas zen tradicionales adoptaron la

posición de loto mientras practicaban sus meditaciones, estableciendo una estricta adherencia a la postura con la columna vertebral alineada en una línea recta desde la cabeza hasta la pelvis. Esta tradición también hace hincapié en la posición de la cabeza y la boca, ya que la boca debe cerrarse en todo momento y la cabeza debe estar recta y orientada hacia adelante.

A lo largo de los años, la posición de loto ha mantenido su posición principal en esta técnica, pero la meditación Zen ahora también permite el uso de una silla de respaldo recto como ayuda para la postura.

A pesar de la rigidez con la que debe sentarse cuando utiliza esta técnica, la meditación en sí misma es sorprendentemente sencilla, y se centra únicamente en la respiración. Ignorando todo lo que te rodea, concentras tu mente en seguir la inhalación y exhalación de tu respiración y nada más. El objetivo es permitir que la mente se calme a un nivel en el que nada entre en su conciencia, excepto las respiraciones que está tomando.

Shikantaza

También con sus raíces firmemente en el budismo, Shikantaza es una versión ligeramente más relajada de la técnica Zen. Se traduce en "sentarse", nada más.

La posición de asiento es la misma que con una meditación Zen, pero en lugar de centrar su mente en su respiración, simplemente se sienta y deja que su mente divague. Eres consciente de todo lo que te rodea, tanto interno como externo, pero no se le presta atención. No hay pensamiento consciente involucrado. Tu mente se da rienda suelta para deambular a voluntad cuando quiera.

La dificultad con esto en las primeras etapas de la práctica es que muy a menudo te encontrarás siguiendo conscientemente un tren de pensamiento. El objetivo es desconectarse de la mente consciente donde tiene algún control de sus pensamientos y, en cambio, permitirle ir en la dirección que le plazca, mientras que no le da importancia a nada que pase por su mente.

Meditación Mantra

Una amplia variedad de diferentes religiones y culturas practican una forma de meditación mantra y es quizás la técnica más fácil de usar cuando se comienza por primera vez.

En lugar de permitir que tu mente vague o enfocarte en tus respiraciones, en lugar de eso, repites silenciosamente un mantra de tu elección para mantener tu mente enfocada.

El beneficio de esto es que, si bien su conciencia está enfocada en una sola palabra o frase, su subconsciente puede descansar y ordenar cualquier cosa que necesite atención sin distraerse con su mente consciente e intentar organizarla en la forma en que lo ha enseñado a hacer.

Todos hemos oído hablar de "sensaciones viscerales" e "intuición", y la mayoría de nosotros somos capaces de reconocer que cuando seguimos estos sentimientos siempre nos dirigimos en la dirección correcta. Esta información proviene de nuestro subconsciente. En la vida diaria, nuestra mente consciente ha sido programada para hacer las cosas de cierta manera o reaccionar de una manera particular. Aún peor es cuando nuestras emociones nublan nuestro juicio y dirigen el curso de nuestras decisiones conscientes.

Mediante el uso de la meditación mantra, permites que tu subconsciente se haga cargo y clasifique las cosas por ti sin una dirección equivocada de la conciencia o las emociones. Ser guiado por nuestro subconsciente, nuestro Espíritu, es el objetivo en todas las formas de meditación, pero a menudo es difícil calmar la mente consciente.

Al cantar continuamente, de manera efectiva se está deteniendo la mente consciente y creando vibraciones que pueden llevarlo a niveles más altos de conciencia.

Muchas tradiciones usan cuentas de oración para ayudarlos a meditar con mantras, y cada cuenta representa un mantra completo. Estas cuentas pueden tener la forma de una larga cadena de cuentas, como la que usan los monjes budistas, y la cadena pasa lentamente a través de las manos a medida que se completa cada repetición de un mantra. Otras tradiciones, como los musulmanes, usan solo una colección de cuentas individuales que se recogen de un cuenco y se colocan en un segundo cuenco a medida que se completa el mantra.

Tradicionalmente, la mayoría de las cuentas de oración suman 108. Se cree que esto se relaciona con algún significado espiritual, pero hay muchas teorías sobre por qué 108 es un número espiritual. Desafortunadamente, nunca he podido descubrir la verdadera razón de esta elección, ya que hay demasiadas especulaciones diferentes relacionadas con ella.

Un mantra es una palabra u oración muy simple que se repite una y otra vez. A continuación, se presentan algunos de los mantras tradicionales y algunos más nuevos. Juega con estos, pero siéntete libre de crear un mantra que sea personal para ti. Algunas personas tienen diferentes mantras que usan en momentos específicos, como un mantra para la curación, un mantra para la iluminación, etc.

Ejemplos de mantras modernos

El amor es el único milagro que hay - Osho

Cada día, en todos los sentidos, estoy mejorando y mejorando -Laura Silva

Sé el cambio que deseas ver en el mundo - Gandhi

Cambio mis pensamientos, cambio mi mundo

Ejemplos de mantras tradicionales

Soy lo que soy - de la Torá hebrea.

Namo Amita Bha - Un homenaje al Buda de la Luz sin límites

SabbeSattaDukkhaMuccantu - (que todos los seres estén libres del sufrimiento)

Atención plena

La atención plena es una adaptación de las meditaciones tradicionales budistas y se basa en el enfoque de la respiración. Su objetivo es ayudarlo a existir en ese momento único, no en el pasado, no en el futuro, justo allí y en ese momento.

Al igual que con otras formas de meditación, no hay un requisito para el pensamiento consciente, concéntrese en los efectos de su respiración en su cuerpo como ese momento en el tiempo. Reconozca qué tan cálido o frío está su cuerpo, pero sin detenerse en él, sienta cómo se le inflan los pulmones, pero no piense en eso, solo acepte cómo se siente. Sea consciente de cualquier ruido a su alrededor y reconozca sin pensar en qué es y por qué.

De esta manera, la atención plena le permite entrenar su mente para estar alerta y alerta de todo lo que sucede a su alrededor. Debido al enfoque en su respiración, puede transferir esta conciencia a la vida cotidiana, notando todo, pero prestando atención solo a aquellas cosas que realmente lo requieren.

Comenzará a leer los pequeños detalles sobre las personas que ha conocido durante años, todas las cosas que siempre han sido obvias, pero no se ha prestado atención. Dejarás de escuchar lo que la gente te dice y comenzarás a escuchar realmente lo que están diciendo y la forma en que lo dicen. Comenzarás a darte cuenta de la vida silvestre que ha estado a tu alrededor a diario pero que nunca has notado.

Esto puede parecer mucho para asimilar, pero debido a su capacidad para enfocar su mente, simplemente absorberá esta información en lugar de permitir que su mente consciente se llene de ella.

Ejercicios de práctica meditativa

Estos ejercicios están diseñados para ayudarlo a tomar conciencia de su mente y cuerpo y para ayudarlo a aprender el arte de la meditación para mejorar su vida.

La meditación rara vez, si alguna vez, se practica de manera efectiva para empezar. Debes aprender a reconocer la forma en que respiras, cómo te sientes y cómo enfocarte a un nivel en el que puedas volver tu mente hacia adentro y simplemente estar tranquilo y quieto.

Desde el día en que nacemos, se nos dice cómo sentir, comportarnos e incluso cómo pensar. Se nos enseña a ser considerados con los demás en todas las cosas y a dar nuestro tiempo y energía libremente a las personas que nos importan y a las personas necesitadas.

La meditación consiste en desconectar todo lo demás y centrarse en ti y solo en ti. No permanentemente, por supuesto, solo por el tiempo que está meditando. Se trata de tomar ese corto período de tiempo para permitir que su mente, cuerpo y espíritu se equilibren de modo que podamos ser fieles a quienes somos sin dejar de ser un miembro de la sociedad responsable y eficaz.

Ganar y mantener este nivel de enfoque sin distraerse no es algo que pueda lograr al instante, y es importante que esté consciente de esto antes de comenzar. Irritarse consigo mismo porque no puede mantener un enfoque constante no tiene sentido, cuando encuentra que su mente se desvía hacia un pensamiento consciente, lo reconoce, vuelve a concentrarse en su respiración y continúa. Lleva práctica, pero en poco tiempo encontrará que las distracciones se alejan y pronto podrá mantener el enfoque necesario en la meditación de una manera que sea beneficiosa y proporcionará resultados.

Visualización

Las meditaciones de visualización son una excelente manera de relajarte y retirarte de tu vida por un corto tiempo. Se basan en su imaginación y subconsciente trabajando en armonía unos con otros. El objetivo de este ejercicio es ayudarlo a entrenar su mente para que su imaginación tenga rienda suelta. Su subconsciente trabajará con él y le brindará información y sugerencias que le ayudarán en su vida cotidiana.

Cuando se haya convertido en un adepto a la visualización, puede ir un paso más allá e incorporarlo en sus meditaciones para ayudarlo a resolver cualquier problema actual.

Entra en un estado meditativo básico. Una vez que tus chakras estén abiertos, imagínate en algún lugar en el que te sientas seguro, esto puede ser en cualquier lugar que desees, junto a un río, a la orilla del mar, en una cabaña en las montañas, etc.

Fíjate dónde estás y qué estás haciendo. ¿Estás dentro o al aire libre? ¿Tienes frío o calor? ¿Cómo son tus alrededores? Explorar; dar una vuelta; mira lo que hay ahí, trate de no pensar en lo que está viendo o en lo que cree que debería estar viendo (esto puede requerir algo de práctica).

El punto de visualización de la meditación es permitir que su subconsciente le brinde respuestas o sugerencias acerca de las cosas que están sucediendo en su vida cotidiana para que pueda lidiar con estos problemas sin la ansiedad que le proporciona nuestra mente consciente.

Cuando sienta que ha pasado el tiempo suficiente en su visualización, dirija lentamente su mente a su entorno físico. Tómese un minuto o dos para concentrarse en su respiración, luego cierre sus chakras y salga de su meditación.

Conócete a ti mismo emocional

Esta práctica es para ayudarte a aprender sobre tu cuerpo y realmente conocer tu ser físico. Esto será útil para reconocer cualquier problema antes de que se convierta en un problema para que pueda ayudar a sanar con la limpieza de chakra.

Entra en tu estado meditativo y concéntrate en tu respiración. Escúchalo. ¿Es fuerte o suave? ¿Rápido o lento? ¿Es pesado o ligero? ¿Cómo se siente tu respiración dentro de tu cuerpo? ¿Está causando que su pecho o su estómago suban? ¿Está haciendo que tu pecho se contraiga o estás relajado? Reconozca cualquier malestar causado por su respiración y regúlela para que se sienta cómodo.

A continuación, enfócate en tus respuestas emocionales. ¿Está tenso, ansioso, relajado, feliz, etc. Reconozca la emoción y vea si puede darse cuenta de los sentimientos físicos que está causando.

¿Hay algún hormigueo, mareo, apretamiento de músculos, etc.? Una vez que haya reconocido las emociones que está sintiendo y sus efectos físicos, piense conscientemente en algo que lo hizo enojar, ahora vuelva a mirar hacia adentro y observe cualquier cambio en la reacción física y la respiración. Muévete a través de diferentes emociones y sé consciente de cómo te afectan.

Es posible que desee hacer esto sobre varias prácticas para evitar pasar por una montaña rusa emocional.

Antes de centrarse en una emoción diferente, dedique un tiempo a ajustar su respiración para volver a un estado de calma, tanto mental como físicamente.

Con el tiempo, descubrirá que cuando esté en la vida cotidiana, podrá obtener control sobre su estado emocional y su función de una manera mejorada sin verse afectado por ninguna reacción negativa.

Una vez que haya terminado, regrese a un patrón de respiración calmado y constante, cierre sus chakras y salga de su meditación.

Práctica general

Pase algún tiempo practicando los diferentes tipos de meditación, pruebe el mantra, el zen y cualquier otro que le atraiga para que pueda determinar qué forma de meditación funciona mejor para usted.

Tenga en cuenta que, aunque todavía no haya logrado las técnicas de meditación, todas las prácticas le brindarán beneficios. Al principio, pueden ser pequeños y apenas perceptibles para su ser consciente, pero estarán allí.

Conclusión

Gracias por descargar este libro y espero que haya disfrutado de leerlo tanto como yo disfruté escribiéndolo.

Confío en que haya adquirido suficiente conocimiento de los beneficios de la meditación y cómo practicarla para poder incorporarla con éxito en su vida de una manera positiva.

La historia y la información general que he incluido está diseñada para brindarle una comprensión completa de las tradiciones asociadas con las técnicas de meditación y los orígenes de esta práctica asombrosa y terapéutica.

Una vez que haya pasado algún tiempo meditando, estoy seguro de que querrá transmitir sus conocimientos a sus amigos, familiares y compañeros de trabajo para que ellos también puedan experimentar los beneficios de una mente tranquila y equilibrada. ¿Por qué no pasar algún tiempo haciendo meditaciones grupales? Esta no solo es una excelente manera de vincularse y conectarse con otros, sino que también enriquece sus experiencias de conexión con las energías universales que lo rodean.

Gracias y buena suerte.

Parte 2

Introducción

Gracias por haber comprado el libro.

Este libro contiene pasos y estrategias comprobados sobre cómo puedes usar el poder de la meditación para liberarte del estrés y convertirte, finalmente, en una persona feliz.

La práctica del *mindfulness*, también conocida como de "atención plena", es un tipo de meditación popular que te permitirá convertirte en una mejor persona al nutrir tus pensamientos, tus acciones, tu expresión y tu actitud frente a la vida.

En este libro aprenderás los siguientes aspectos importantes acerca de la meditación *mindfulness*:

- La naturaleza y los orígenes del *mindfulness* como un método poderoso de meditación

- Los beneficios principales de la meditación *mindfulness*
- Los aspectos del *mindfulness* que te cambian la vida
- Cómo puedes usar la meditación para aliviar el estrés, la ansiedad y la depresión
- Cómo ser más feliz a través de la meditación
- Cómo nutrir las relaciones con la gente que te rodea a través del *mindfulness*

Otra vez, gracias por haber comprado este libro. ¡Espero que lo disfrutes!

Capítulo 1: ¿Qué es la meditación?

Seguramente hayas oído hablar sobre la meditación, pero es muy probable que no sepas realmente de qué se trata. Algunos piensan que la meditación es concentrarse en algo, y otros la consideran como una manera de encontrar paz y satisfacción. Estas ideas se alinean con un mismo objetivo: aminorar la marcha y, en el largo plazo, detener completamente la actividad incesante de nuestros cerebros.

A menudo, esas prácticas no son meditaciones genuinas, sino que son simples alternativas de meditación, ya que, muchas veces, es difícil detener completamente nuestras mentes. La meditación te llevará a ser consciente. No es una práctica, sino un estado: el estado de ser consciente. Tú puedes entrar en este estado o no, sin importar lo que estés haciendo. Algunos pueden meditar mientras están haciendo sus tareas en la oficina, y a otros les puede resultar difícil alcanzar la paz estando sentados en silencio en la cima de una montaña.

Si te fijas detenidamente en los diferentes conceptos de la meditación, otro tema que generalmente encontrarás es que la meditación se trata de tomarse un descanso y sentarse en calma. Pero la verdadera meditación es mucho más que eso. Es un estado de paz profunda e intensa que ocurre si la mente está en silencio o en calma, pero totalmente consciente al mismo tiempo. Esto es solo el comienzo de una transformación interna que puede llevarte a un nivel más elevado de *mindfulness*. Te permitirá ser más feliz y cumplir con el potencial genuino que tienes como ser humano.

Para poder entender la meditación, debes tener en cuenta que no se trata de:

Perder el control

Las voces, acciones involuntarias, sonidos y colores no están asociadas con la espiritualidad ni con la meditación. Estas son señales de pérdida de consciencia y de control sobre ciertas áreas del individuo.

Esfuerzo mental

Puedes lograr la consciencia inconscientemente al elevar tu energía kundalini (es decir, una mezcla estimulante de prácticas espirituales y físicas). Para poder eliminar las obstrucciones que impiden que tu energía kundalini se eleve, puedes recurrir a la introspección o a las poses de manos, pero no debes recurrir a esfuerzos mentales, tales como la repetición constante de cánticos.

Lograr la concentración

La concentración hace referencia al esfuerzo que hacemos para poner la atención en un objeto o una idea por un tiempo determinado. Se considera que las estrategias utilizadas en la visualización son un tipo de concentración.

Una forma de ejercicio

Ejercicios tales como los patrones de respiración y las posturas no son parte de la meditación. Pueden ayudar a encontrar el equilibrio, si te encuentras bajo la guía de un verdadero maestro de la meditación. Sin un objetivo espiritual, la práctica de la meditación puede resultar en un desequilibrio.

Meditación *Mindfulness*

«Meditación» y «*mindfulness*» son dos

términos que, actualmente, se usan de manera intercambiable. Además, son objeto de estudios en los que se resaltan sus beneficios en la salud mental, o de centros zen en los que se promueven nuevas maneras de encontrar tu paz interior en esta vida estresante. Estos términos son generalmente tomados como sinónimos en su forma simple. Su forma general puede ser el concepto de encontrar la paz y poder calmar tu mente continuamente ocupada.

Los expertos y los promotores de la meditación debaten sobre su distinción del *mindfulness*. Sin embargo, cada persona puede tener miles de interpretaciones diferentes, y la discusión probablemente no llegaría a una conclusión. La meditación y el *mindfulness* tienen características similares: son complementarias y, generalmente, se superponen. Pero, al mismo tiempo, cada una tiene su naturaleza y objetivo particulares.

Así como el yoga, los orígenes del

"*mindfulness*" y de la meditación son espirituales y prístinos, impulsados por la religión. Un antiguo registro revela que la meditación precede a la antigüedad, con sus primeras formas en las religiones prehistóricas, las cuales incluían mantras y cánticos rítmicos. Los textos sagrados del hinduismo y las Vedas registran las primeras descripciones de la meditación. A lo largo de la historia, algunos tipos de meditación comenzaron a desarrollarse en el Taoísmo y en el Budismo, principalmente en China y en India.

La meditación temprana se concentra en nutrir el Yo espiritual y trascender las emociones para llegar a un estado de relajación. Gracias a su popularidad en los tiempos modernos en Europa y en América, se redefinió a la meditación para convertirse en una práctica alternativa para la sociedad secular y moderna. Hoy en día, la meditación es una práctica para que la gente mejore su salud y reduzca el estrés.

Principales diferencias entre la meditación y el *mindfulness*

A pesar de que existe una delgada línea, la principal distinción entre la meditación y el *mindfulness* es la siguiente: La meditación hace referencia a un término general, que abarca la práctica de lograr concentración y consciencia óptimas, de nutrir y regular, de cierta manera, la mente.

Puede abarcar diferentes prácticas o técnicas para lograr este nivel elevado de conciencia, tales como la paciencia, la compasión, el amor, y, especialmente, el *mindfulness*. Por consiguiente, el *mindfulness* es solo un tipo de meditación, junto con la serenidad, la respiración, el yoga y el sexo tántrico.

El *mindfulness* es la práctica de concentrarse en el presente. Por ejemplo: concentrarse completamente en tomar un té, olerlo, sentir su calor, degustar su sabor e ignorar emociones intensificadas de tu mente.

Los expertos de la meditación consideran al *mindfulness* como un tipo de meditación. Recuerda, existen diferentes tipos de meditación, los cuales incluyen la visualización y la contemplación, pero el *mindfulness* es el tipo de meditación en el cual puedes llevar tu mente completamente a un objeto.

Por ejemplo, ser consciente de tu respiración es un tipo común de *mindfulness* durante la meditación. Enfocarte en tu respiración mejora tu conciencia de estar en el presente. A esto se lo conoce en el Budismo como meditación *mindfulness* o samatha (es decir, serenar la mente).

Las prácticas diarias como comer o ejercitarse pueden ser otro método para observar el *mindfulness*. Es posible ser consciente de lo que comes o de tus ejercicios y, luego de dejarte llevar por todo tipo de pensamientos, volver a lo que estabas haciendo. Esto es un acto de *mindfulness*.

Sin embargo, la práctica de la meditación es anterior al *mindfulness*. Generalmente, se alinea con la época de la propagación del budismo en la que Buddha toma conocimiento de la práctica de concentrarse en su respiración, lo que lo lleva a darse cuenta de la realidad y de lograr una meditación más rápida.

En la era moderna, un monje budista de Vietnam, Thih Nat Han, quien es famoso por sus lecciones de meditación *mindfulness*, propagó por todo el mundo sus cinco enseñanzas. Uno de sus alumnos, John Kabat Zinn, se convirtió en un famoso promotor del *mindfulness* en los Estados Unidos. Kabat Zinn fue profesor en la facultad de medicina de la Universidad de Masachusetts y fundó el Center for*Mindfulness* and Stress ReductionClinic (Clínica de *Mindfulness* y Reducción del Estrés) para, a través de la meditación, ayudar a los pacientes con enfermedades crónicas. Este fue el comienzo de una rápida popularidad de la meditación *mindfulness* como una forma de convertirse en una persona más sana.

De todas maneras, si te interesa aprender sobre las variadas estrategias de meditación, o si solo estás interesado en aprender cómo puedes aplicar el *mindfulness* en tu vida diaria para reducir el estrés, existe mucha evidencia que respalda la idea de que desarrollar tu mente para volverte consciente del presente puede mejorar tu salud física y mental.

Según un estudio, aquellos que meditan a través del *mindfulness* han tenido niveles más bajos de glucosa, lo que sugiere que una mayor concientización y el autocontrol pueden ayudar a combatir la obesidad y los malos hábitos alimenticios.

Quienes practican la meditación *mindfulness* han experimentado, también, mejoras en la calidad del sueño; especialmente los adultos mayores que, por lo general, toman pastillas para dormir. También se relacionó a esta práctica con una mayor concentración, una menor dependencia a los medicamentos y a niveles más bajos de estrés.

Pero, probablemente, lo más destacable sea el estudio que prueba el vínculo entre el pensamiento positivo y el *mindfulness* con el ADN de pacientes que padecen de cáncer de mama. Esto indica que los beneficios del *mindfulness* en el aspecto físico pueden ir más allá de lo que pensábamos.

Para los principiantes, puede resultar difícil embarcarse en la travesía de la meditación *mindfulness*; pero, si quieres empezar de a pequeños pasos, puedes continuar leyendo este libro y así aprender cómo puedes vivir una vida más feliz a través de la práctica ancestral (y demostrada) de la meditación *mindfulness*.

Capítulo 2: Beneficios de la meditación mindfulness: Principales razones de por qué es lo mejor para tu salud física y mental

A pesar de que no existen tantos estudios clínicos sobre la meditación *mindfulness* como los hay de la ejercitación o de la nutrición, hay una buena razón que explica por qué ha sobrevivido el examen del tiempo. Y, hasta ahora, solo hemos abordado cuestiones superficiales al comprender las razones por las que es beneficiosa en múltiples aspectos, como por ejemplo controlar el dolor o una enfermedad, mejorar la calidad del sueño o aliviar el estrés.

Tal como lo definimos en el capítulo anterior, el *mindfulness* hace referencia a la práctica de estar y ser consciente del momento presente. A partir de este concepto orientativo, en este capítulo vamos a debatir las principales razones por las que debes considerar incorporar la meditación *mindfulness* a tus hábitos diarios.

1. Alivia el estrés
Un estudio publicado en la revista Health Psychology (Psicología de la salud) indica que la meditación *mindfulness* no solo está ligada al sentimiento de alivio del estrés, sino que también esta asociada a la reducción de los niveles de cortisol (la hormona del estrés).

2. Protege el cerebro
La meditación *mindfulness* puede ayudar a proteger el cerebro. Según investigadores de la Universidad de Oregon, Estados Unidos, ser conscientes, como forma de meditación, puede ayudar a cambiar la manera en la que el cerebro se defiende de las enfermedades mentales. Se relacionó al *mindfulness* con las conexiones optimizadas de señalización en el cerebro, mejor conocidas como la densidad axonal, y con el aumento de producción de mielina, o tejido protector, al rededor de los axones, en la corteza cingular anterior del cerebro.

3. Ayuda a aliviar el estrés en personas que padecen artritis
Según un estudio publicado en la revista

Anales de la Enfermedad Reumática, a pesar de que la meditación *mindfulness* pueda no ayudar a reducir el dolor causado por la artritis reumatoide, sí puede ayudar a reducir el cansancio y el estrés.

4. Ayuda a aliviar el estrés en los pacientes cancerosos

En función de un estudio llevado a cabo por investigadores del Centro Jefferson-Myrna Brind de Medicina Integral, la meditación *mindfulness*, realizada junto con terapias artísticas, puede volverse una manera efectiva de reducir los síntomas del estrés en mujeres que padecen cáncer de mama. Además, diagnósticos de imágenes muestran que, de hecho, está asociada con cambios en el cerebro ligados a los incentivos, las emociones y el estrés.

5. Reduce los riesgos de sufrir depresión en mujeres embarazadas

Una de cada cinco mujeres embarazadas sufren de depresión. Sin embargo, aquellas que se encuentran con mayor riesgo de sufrir depresión podrían beneficiarse de la práctica de la meditación *mindfulness*. Los investigadores creen que el efecto de la meditación *mindfulness* en las mujeres embarazadas es bastante limitado, pero es altamente prometedor. Un estudio llevado a cabo por investigadores de la Universidad de Michigan, Estados Unidos, y encabezado por la Dra. Maria Muzik, sienta fuertes bases para futuras investigaciones sobre cómo la meditación puede llevar a una perspectiva más positiva durante el embarazo.

6. Reduce el riesgo de sufrir depresión en adolescentes

Los adolescentes que practican la meditación *mindfulness* han experimentado menores niveles de depresión, estrés y ansiedad, según un estudio de la Universidad de Leuven, Bélgica.

7. Ayuda a los adultos mayores a sentirse menos deprimidos

La depresión en los adultos mayores puede ser riesgosa, ya que puede aumentar el riesgo de diferentes enfermedades crónicas. Sin embargo, un estudio llevado a cabo en la Universidad de California en Los Ángeles, Estados Unidos, demuestra que la meditación *mindfulness* puede ayudar a reducir los sentimientos de depresión en los adultos mayores y a mejorar su salud al reducir la manifestación genética asociada con inflamaciones.

8. Ayuda a perder peso

Si estas intentando perder algunos kilos para estar más saludable, el *mindfulness* puede ser tu mejor aliado. Esta noción se basa en un estudio realizado por la Asociación Estadounidense de Psicología (American Psychological Association - APA). En este estudio, se consideró al *mindfulness* como la estrategia ideal para perder peso.

9. Ayuda a aumentar la concentración

La meditación *mindfulness* funciona como el botón de volúmen del cerebro, ya que puede ayudarte a aumentar la concetración. Ayuda al cerebro a controlar mejor el manejo de las emociones y el dolor, especialmente a través de la regulación de los ritmos corticales alfa, que cumplen una función en lo que nuestros cerebros son conscientes. Esto está basado en un estudio publicado en la revista Fronteras en la Neurociencia humana.

10. Reduce las facturas médicas

Además de mejorar tu salud, la meditación mindfulnes puede reducir tu factura de servicios de salud. Un estudio publicado en la Revista Estadounidense de Promoción de la Salud muestra que la meditación *mindfulness*, especialmente la meditación trascendental, está vinculada a menores gastos anuales en servicios de salud, en comparación con los gastos de aquellos que no practican el *mindfulness*.

11. Ayuda a dormir mejor

Los investigadores de la Universidad de Utah, Estados Unidos, manifiestan que el entrenamiento del *mindfulness* no solo ayuda a las personas a controlar mejor sus estados de ánimo y sus emociones, sino que puede también ayudarlos a quedarse dormidos en la noche. Aquellos que practican el *mindfulness* han presentado un mejor control sobre sus comportamientos y emociones. Además, se vinculó la mejora en el *mindfulness* con la reducción de actividades a la hora de dormir, las cuales pueden tener beneficios para mejorar la calidad del sueño y el manejo del estrés.

12. Ayuda en el clima frío

La meditación *mindfulness* puede ser de gran ayuda en climas fríos. Además de la higiene, el *mindfulness* realizado junto con el ejercicio pueden ayudarte a reducir los efectos desagradables de los resfríos. Según un estudio llevado a cabo por investigadores de la Facultad de Medicina y Salud de la Universidad de Wisconsin, Estados Unidos, quienes practican la meditación *mindfulness* se pierden de menor cantidad de días de trabajo por fuertes infecciones respiratorias.

13. Ayuda a obtener calificaciones más altas

Un estudio de la Universidad de California en Santa Bárbara, Estados Unidos, concluye que los estudiantes que practican el *mindfulness* obtienen mejores calificaciones en cuanto al razonamiento verbal en los exámenes de admisión para estudios de posgrado. Además, han experimentado una mejora en su memoria. Los resultados de este estudio indican que el uso del *mindfulness* es una estrategia efectiva y eficiente para mejorar las funciones cognitivas. El estudio se publicó en la revista de Ciencias de la Psicología.

14. Te lleva a conocer a tu verdadero Yo

La meditación *mindfulness* puede ayudarte a ver más allá de ti mismo en momentos en que es necesario realizar un análisis objetivo. Un estudio publicado en la Revista de Ciencias de la Psicología demuestra que la meditación *mindfulness* puede ayudar a superar los puntos ciegos habituales que pueden disminuir o intensificar tus propios defectos.

15. Ayuda a convertirte en una mejor persona

Muy probablemente te encante lo que la meditación puede hacer por tu cuerpo y por tu mente. Sin embargo, puede también ser beneficiosa para nuestras relaciones al mejorar la compasión. Esto surge de un estudio publicado en la revista de Ciencias de la Psicología. Según los investigadores de la Universidad de Hardvard, Estados Unidos, quienes meditan experimentan el sentimiento de "hacer el bien", el cual hace a las personas más felices.

Capítulo 3: Cómo hacer uso de la meditación mindfulness para transformar tu vida

La meditación *mindfulness* no es una pócima mágica. No te librará del estrés ni te ayudará a vivir en un estado de felicidad instantáneamente.

Sin embargo, si intentas preguntarle a la gente que ha incluido el *mindfulness* en su rutina diaria, en general te dirán que esta práctica cambia tu vida.

"Cambia tu vida" es una frase común que usan los expertos para describir el efecto de la meditación *mindfulness*. Existen varias explicaciones del por qué la meditación puede ser una herramienta poderosa para cambiar tu vida, como por ejemplo:

1. Te darás cuenta de que no eres lo que piensas

Generalmente, se considera a esta idea como una de las percepciones más influyentes de la práctica del *mindfulness*. Una amiga que trabaja en un estudio contable en Los Ángeles descubrió el *mindfulness* luego de leer un libro sobre "Meditación para madres", cuando buscaba tratamientos alternativos para su depresión posparto. En aquellos días, pasaba los 25 minutos de viaje a su trabajo en medio de una secuencia depresiva de pensamientos negativos: "No soy una buena madre. No merezco tener hijos. Odio mi vida. Estaré triste y lloraré por dentro..."

Sin lugar a duda, no era la forma más productiva de comenzar el día. A través del *mindfulness*, aprendió que sus pensamientos no son necesariamente verdaderos. Son tan solo pensamientos. Son el resultado de sus neuronas, disparándose dentro de su cerebro que piensa demasiado.

La meditación *mindfulness* te enseñará que, en vez de quedarte atrapado en un espiral de pensamientos, puedes ser consciente de las cosas que se están metiendo en tu cabeza.

"Pienso que soy una mala madre". Puedes ver este pensamiento pasar y desaparecer. ¡Esto no significa que en verdad eres una mala madre!

Este pequeño ajuste en tu perspectiva puede ser realmente liberador.

2. No necesitas poner demasiado esfuerzo en las pequeñas cosas

Somos muchos los que gastamos demasiada energía en reaccionar a las pequeñas cosas. Tu hijo hace un berrinche, tu corazón comienza a acelerar y reaccionas de manera incompetente.

Comparado con otras cosas de la vida, que un niño tenga un ataque no tiene demasiada importancia. Muchas de las cosas en las que gastamos nuestra energía son pequeñas cosas. Pero, en el momento, todo puede parecer como algo realmente importante.

En verdad, obtener una nueva perspectiva toma tan solo un pequeño momento. Solo tienes que recordar que el berrinche terminará. También puedes entender que la persona que se coló delante de ti en la fila de la confitería no tenía nada en tu contra.

A través de la meditación *mindfulness* puedes aprender cómo nutrir tu serenidad. Puedes volverte consciente de lo que te provoca y aprender a hacer una pausa para poder responder a la situación, en vez de reaccionar.

Desde una perspectiva filosófica, no estamos dando vueltas en círculos continuamente, pasando de una crisis a otra. El sistema nervioso puede calmarse, y tú puedes dejar de pasar malos ratos por pequeñas cosas.

3. Nutres la compasión

Algunos maestros del *mindfulness* creían que la compasión y la conciencia eran la misma cosa. Cuanto más conscientes de nuestro presente seamos, nos encontraremos más sintonizados con las experiencias de la gente que nos rodea, y también con sus penas y alegrías. Esto te llevará a la compasión, es decir, al deseo genuino de querer que todos los seres humanos estén libres de sufrimiento. Cuanto más consciente seas, más podrás ayudar a los demás. No solo porque estamos obligados moralmente a hacerlo o porque se ve bien. Puedes ayudar a los demás porque eres consciente de su sufrimiento. Tu conciencia se vuelve un compromiso compasivo con el ser.

4. Aprendes a aceptar las cosas

Muchos de nosotros pasamos el día combatiendo el momento presente, en lugar de aceptarlo. Muchas veces pensamos en las cosas que nos gustan y en las que no nos gustan. Y como resultado, nos estamos perdiendo la oportunidad de vivir el momento presente, cuando estamos gastando las energías en juzgar la situación.

A través de la meditación *mindfulness*, puedes aceptar el presente, porque el presente es lo que es. Pero debes saber que eso no significa darse por vencido. Es tan solo el simple acto de reconocer la realidad. Después de eso podrás tomar una decisión. Si hay algo que no puedes cambiar, puedes trabajar en ello. Si hay algo que se encuentra más allá de nuestro control, podemos hacer algo para suavizarlo un poco.

5. Aprecias más las cosas

Si prestas atención, puedes ver la belleza en donde no te habías dado cuenta en el pasado. Puedes ver el crecimiento, la transformación y el cambio en donde, en el pasado, has visto solo cosas sencillas. Probablemente, en tu camino al trabajo has pasado por al lado de un jardín lleno de flores y, sin embargo, has estado muy ocupado pensando en lo que te depararía el resto del día. Cuando te vuelves consciente, comienzas a ver las flores hermosas; el solo hecho de verlas te reduce el nvel de estrés y te convierte en una persona más alegre.

El *mindfulness* ayuda a aliviar el estrés

Ten en cuenta que no eliminará tus factores estresantes. Tus hijos seguirán teniendo berrinches, tu entorno laboral seguirá siendo el mismo y el clima seguirá igual, no importa lo que tú hagas. La gran transformación sucederá bien dentro tuyo. Puedes decidir reaccionar a tus factores estresantes con habilidades mejoradas y con aceptación.

A través del *mindfulness* puedes descubrir que entiendes a tu propio ser, que puedes mirar a tus problemas desde una perspectiva diferente y que puedes hacer frente a las pruebas que la vida te da de manera positiva.

Esto puede realmente cambiar tu vida.

Ser consciente de tu propia historia

Cuando leemos las historias de la gente famosa, es muy común sentir que estamos leyendo una ficción, a pesar de que sabemos que esos eventos sucedieron de una manera muy similar. Para quienes han pasado por esos eventos, no son solo historias, sino que fueron si vidas reales y esos eventos sucedieron realmente.

De la misma manera, cuando miramos documentales sobre eventos históricos significativos, podemos sentir que estamos viendo una cadena de eventos que están fuera de este mundo, ya que lo que pasa está más allá de nuestro campo de experiencia. De hecho, todo lo que en el mundo se encuentra más allá de nuestras experiencias pueden parecernos historias inventadas.

Muchos de nosotros podemos entender el mundo que ya conocemos. Dentro de este ámbito, vemos lo que entendemos de nuestro propio ser, nuestro rol y lo que creemos que podemos o no podemos hacer.

Un ejercicio de gran ayuda en el *mindfulness* es dar un paso atrás y vernos a nosotros mismos, ver nuestras vidas de manera objetiva y sin juzgarnos (algo similar a lo que hacemos cuando leemos una biografía o vemos un documental). Al hacerlo, puedes comenzar a ver cómo hemos creado una historia sobre quiénes somos y cómo nos definimos a nosotros mismos.

A través de la meditación *mindfulness* te darás cuenta de que te has puesto muchos límites y obstáculos a ti mismo, a tus creencias sobre lo que eres y a aquello que no creías que podías lograr. Muy a menudo basamos nuestra historia en quien el mundo nos dice que somos, sin pensarlo profundamente. Pero, a través de una introspección cuidadosa, puedes ver a través de estas impresiones y de las paredes que has construido y empezar a derribar y redefinir tus creencias, lo que ayudrá a transformar tu vida.

Tu priopia historia

Eres el protagonista de tu propia historia, porque en tu vida todo ocurre a tu alrededor. Percibes todo desde tu propio punto de vista; siempre está el pensamiento de que, con tus acciones, estás haciendo lo correcto.

En tu propia historia puedes elaborar definiciones tangibles de tu personaje: quién eres, cuál es tu lugar en el mundo, qué puedes y qué no puedes lograr o en qué puedes o no convertirte, y qué esta bien o mal según tu juicio.

Seguramente también has creado tu propia historia sobre el mundo, sobre cómo funciona dependiendo de la historia, tus percepciones y tu sentido del juicio. De hecho, has inventado un guión que puedes seguir y que define cómo el mundo da vueltas y cómo tú te mueves en el mundo, es decir: tu lugar en el mundo.

Dentro de tus historias, has creado varios sistemas de creencias que pueden ayudarte a dirigir tus experiencias diarias en el mundo que puedes considerar como tu sistema de funcionamiento. Este sistema de funcionamiento puede decirte que solo tienes capacidades limitadas y específicas, basadas en lo que has logrado y en lo que no has logrado en el pasado.

También puedes utilizar las experiencias pasadas para descifrar qué eventos particulares ocurrirán o no en el futuro. Por ejemplo: puedes creer que nunca serás exitoso en los negocios porque no sabes cómo comenzar tu propio negocio, porque has fallado en los negocios en el pasado o simplemente porque te gusta la seguridad y la comodidad que tu trabajo te brinda. No puedes irte nunca de vacaciones porque creer que no tienes el lujo de tener dinero o tiempo. Nunca podrás tener hijos porque piensas que todavía no eres responsable como para cuidar de otro ser humano, lo que te hace sentir indigno e infeliz. Nunca te darán un ascenso en el trabajo porque la administración no cree que seas competente. Nunca serás feliz porque has estado triste durante todos estos años y porque la vida tiene esa manera de empeorarte las cosas.

Eres lo que tú crees que eres

En el libro "Las enseñanzas de Buddha"

hay un texto motivante que explora la idea de que todo lo que somos es el resultado de nuestro pensamiento, en la medida en que realmente podemos crear el mundo a través de nuestra mente.

A través de la meditación *mindfulness*, podrás comprender la concepción de que, de hecho, podemos crear el mundo, nuestra percepción del mundo, mediante nuestras creencias y de nuestros simples pensamientos. Además, siempre tenemos una opción en cuanto a cómo vivimos y percibimos el mundo a través del *mindfulness*; esto es, al ser conscientes de lo que decidimos pensar. También puedes limitarte a un determinado conjunto de experiencias y de posibilidades, gracias a la visión limitada de nosotros mismos y de nuestro papel en el mundo.

Puedes armar historias sobre tus limitaciones, tus condiciones y tu capacidad de funcionar en el mundo. Por ejemplo: puedes creer que como solo pudiste dormir por cuatro horas anoche y tu parámetro para ser eficaz en el trabajo es dormir de seis a siete horas, entonces serás ineficaz por el resto del día. Pero, en realidad, si refuerzas este pensamiento al pensar en él una y otra vez y al compartir ese sentimiento con todos los que te rodean, se volverá real; estarás muy cansado y serás ineficaz durante todo el día.

A pesar de que puedas estar motivado y alerta durante algunos momentos (incluso por momentos en que eres eficaz porque estás relajado y no te encuentras afectado por tus niveles normales de estrés), ignorarás estos momentos en favor de aquellos períodos de ineficacia, porque tu falta de descanso está penetrando en tu conciencia. Seguramente puedas progresar significativamente en determinadas tareas que necesitas realizar, pero, gracias al cansancio que sientes, puedes ver las cosas desde una perspectiva diferente y puedes superar obstáculos mentales concretos. Puedes ignorar esto porque te dentendrás en la idea general de que estás agotado todo el día, hasta que llegue el momento en que puedas descansar.

Y si le has comentado a todo aquel con el

que te encontraste sobre tu falta de descanso y sobre cuán cansado estás, entonces aquellos que se sienten igual que tú consolidarán esa idea. Esto te hará recordar y reconocer que estás cansado y que seguirás estando cansado hasta que puedas descansar.

El simple hecho de pensar que estás cansado ha creado un mundo lleno de dificultades, porque estás agobiado de cansancio. Y como tal, el día será exigente y muy duro. Puedes reforzar esta idea de estar cansado porque puedes sentir el cansancio físico, y es lo que te repites a ti mismo una y otra vez. Lo que quizás no puedes reconocer es que puedas haber tenido un momento en el que hayas estado bien física y mentalmente, y en el que puedas haber sido eficiente.

¿Cómo te defines a ti mismo?

Algunas experiencias particulares te definirán a lo largo de tu vida. Por ejemplo, puedes verte a ti mismo como deportista porque te gusta correr maratones. O puedes verte como alguien más inteligente que la mayoría de las personas porque te has ganado tu doctorado. Eres una persona bondadosa y compasiva porque generalmente donas dinero a organizaciones de beneficencia. O puedes verte como un fracaso porque has fallado en los negocios.

A menos que hagas una gran transformación en tu vida o que vivas eventos drásticos (como por ejemplo un problema de salud), muchas experiencias y momentos en tu vida solo sirvan para confirmar tu historia. En este momento, tú solo eres la suma total de todas las experiencias y de los momentos relevantes de tu vida.

Historia personal

A medida que el tiempo pasa, puedes sentirte confundido con tu historia personal. Cuando miras a lo que crees que fueron momentos significantes de tu vida, puede parecerte que no se relacionen con lo que crees que es real en el presente. Como si le hubieran ocurrido a otra persona, lejos de este ámbito.

También puedes sentir que has perdido una emoción o un sentimiento ligado a eventos pasados y que, si tratas de atenuarlo, el entusiasmo de esas experiencias pasadas puede ser escurridizo, incluso si fue una experiencia que te cambió la vida. O, quizás, puedes rememorar una experiencia osada del pasado y puedes preguntarte si realmente has hecho eso.

Nuestras vidas presentes pueden parecer muy diferentes a lo que eramos en esos momentos, hace algunos años. Cuando estabas en la secundaria, probablemente estabas lleno de aventuras y tenías las agallas de desafiar a las autoridades. Incluso tu estilo de vida y tu percepción eran muy diferentes comparados a lo que son hoy. Ahora, parece que emanamos autoridad y que mantenemos como prioridad nuestras cómodas vidas.

Eres el protagonista de tu propia historia

Por si ya te habías olvidado, el protagonista de tu historia eres tú, y que existes en escenarios particulares. Tu familia y tus amigos son los personajes secundarios que pueden influir en el modo en que logras tu felicidad.

El protagonista tiene tanto limitaciones como fortalezas, las cuales se definen en diferentes situaciones. Por consiguiente, a menudo tienes tu propia definición con muy poco margen para la modificación. Los personajes secundarios son conscientes de estas limitaciones y fortalezas. Te ayudarán, de vez en cuando, a reconocerlas, cuando tú necesitas recordarlas o cuando trates de transformar tu vida.

El *mindfulness* puede ayudarte a concentrarte en las cosas que te hacen feliz

La meta es observar lo mucho que tratamos de encuadrar nuestra historia y nuestras definiciones de cómo funciona el mundo. Gracias a estas definiciones, ¿estamos creando filtros para ver solo lo que queremos ver y verificar nuestra definición del mundo? ¿Dejas de prestar atención o evitas aquello que encuentras de mal gusto, para que puedas pretender que no es verdad? ¿Disfrutas de concentrarte en lo desagradable para validar y consolidar tu estado mental negativo?

Muchos de nosotros lo hacemos con nuestra propia historia. Generalmente, tenemos expectativas sobre experiencias específicas en nuestras vidas, y tratamos de buscar oportunidades para que estas expectativas se conviertan en realidad.

Quizás pienses: "mi matrimonio no está bien realmente; quiero el divorcio con todas mis fuerzas". Entonces, cuando estás con tu pareja, buscas cosas que confirmen ese pensamiento que has creado en tu mente. Te concentras en las características negativas de tu pareja. Te enfocas en las experiencias negativas que han pasado juntos, o en cómo se ha convertido en una relación tóxica. Ignoras todo lo que no refleja lo que quisieras ver: principalmente, que es un mal matrimonio, tal como tú lo crees.

Ya que estás acostumbrado a ver lo que deseas ver, puedes estar ignorando el hecho de que tienes la posibilidad de componer tu matrimonio, que eres lo suficientemente afortunado como para tener una pareja a tu lado, que se han apoyado mutuamente a lo largo de los años, que tienes unos hijos maravillosos.

Si observas la situación con una actitud más ambivalente, tal como "hoy no soy feliz con nuestro matrimonio, pero, de todas maneras, elegiré quedarme porque aún hay amor, y amo a mis hijos", seguramente te sorprenderás con la decisión. Te darás cuenta de que puedes encontrar cosas favorables y, probablemente, puedas poner menos énfasis en las cosas que te recuerdan el sufrimiento que estás atravesando. Debido a que ya estás dentro de esa relación, puedes salvarla y componerla, si aún es posible.

Puedes lograr esta actitud a través de la meditación *mindfulness*, que puede ayudarte a convertirte en una persona más feliz, independientemente de tu contexto y de tu condición en la vida.

Capítulo 4: Técnicas básicas de meditación para aliviar el estrés

Hay una gran probabilidad de que hayas decidido buscar más información sobre la meditación *mindfulness* porque vives en un mundo ajetreado y estás muy estresado, o porque quieres mejorar tu calidad de vida.

Para aquellos que están ajetreados, existen técnicas y ejercicios básicos de meditación *mindfulness* que puedes utilizar para calmar tu mente y para ser consciente de ti mismo.

Respiración consciente

La respiración consciente puede llevarse a cabo tanto sentado como parado, en cualquier momento y lugar. Solo necesitas estar quieto y concentrado en tu respiración durante unos pocos minutos.

Comienza por inhalar y exhalar lentamente. Un ciclo completo debe durar aproximadamente seis segundos. Inhala por la nariz y exhala por la boca. Permite que tu respiración fluya sin demasiado esfuerzo.

Deja tu mente libre de pensamientos. Por un momento, deja ir todas las cosas que tienes que hacer en el día o las tareas pendientes que requieren de tu concentración. Tan solo sé tú mismo por un momento.

Sé consciente de cómo respiras; concéntrate en tus sentidos, en el flujo de tu respiración cuando entra en tu cuerpo y te nutre de oxígeno; luego, siente cómo tu respiración llega hasta arriba y sale por tu boca, mientras que el nutriente vuelve al espacio.

Si piensas que no puedes meditar, te sorprenderá saber que estás a mitad de camino. Si has encontrado a este ejercicio para relajar la mente gratificante, puedes intentar otros ejercicios de *mindfulness*.

Conciencia consciente

Este simple ejercicio está destinado a alimentar la conciencia incrementada y la apreciación de tareas básicas de la vida diaria, así como también los resultados que se obtienen de estas.

Solamente sé consciente de algo que realizas todos los días, algo que, generalmente, das por hecho, como por ejemplo tu camino al trabajo. Justo en ese momento y en ese lugar, cuando estás manejando al trabajo, trata de serenar tu mente y ser consciente de dónde estás, cómo te sientes en ese momento y a dónde te llevará tu auto. Tómate un tiempo para apreciar cómo funciona tu auto y cómo tu cerebro hace posible que puedas manejar.

Ten en cuenta que estos puntos de contacto no tienen que implicar contacto físico. Por ejemplo, cada vez que pienses en algo negativo, puedes elegir tomar una pequeña pausa para revaluar la situación. Reconoce el pensamiento como algo negativo y déjalo ir. O, quizás, cada vez que tomes un café, para por un momento para apreciar su aroma y cuán afortunado eres de poder tener un tiempo para disfrutar de tu café.

Elige un punto de contacto que hoy esté resonando en tu interior. En lugar de repasar tus actividades diarias como un robot, tómate algunos momentos para hacer una pausa y así cultivar la conciencia deliberada de lo que estás haciendo y de las bendiciones que traerán a tu vida.

Contemplación consciente

Este tipo de meditación es muy simple, pero a la vez extremadamente poderosa. Está planeada para reavivar nuestra conexión con la belleza de la naturaleza, algo que generalmente ignoramos cuando estamos apresurados en nuestra rutina diaria.

Escoge un objeto de la naturaleza que esté cerca tuyo y concéntrate en él por, al menos, un minuto. El objeto puede ser una planta, un árbol o un animal. Puedes incluso concentrarte en las nubes o en la luna, si es que haces este ejercicio de noche.

Lo único que debes hacer es mirar a ese objeto de la naturaleza. Solo relájate en él por cuanto tiempo tu concentración te lo permita. Míralo como si fuera la primera vez que lo estás haciendo. Permite que tu percepción visual explore cada detalle de su formación. Déjate llenarte por su presencia y conéctate con su energía y con su propósito en este mundo.

Inmersión consciente

El objetivo de la inmersión consciente es alimentar la satisfacción que encuentras en el momento presente y escapate de la continua lucha en la que te encuentras envuelto todos los días. En vez de trabajar ansiosamente para terminar tus tareas diarias y así poder seguir con la siguiente tarea, experimenta esa tarea por completo.

Por ejemplo, si necesitas actualizar un inventario, concéntrate en cada detalle de la tarea. En lugar de considerarla como una tarea habitual en tu lista de quehaceres, puedes convertirla completamente en una nueva experiencia al concentrarte en cada aspecto de la acción: aprecia cada elemento que registras, siente el bolígrafo que usas para registrar la información, desarrolla una manera más eficaz de registrar las existencias. La idea es ser creativo y encontrar nuevas experiencias dentro de cada tarea habitual.

En lugar de trabajar en el objetivo de completar la tarea y de concentrarte en ello, sé consciente de cada paso y métete de lleno en el proceso. Puedes llevar esta actividad más allá, al alinearte con tu rutina diaria de manera espiritual, mental y física.

Escucha consciente

La escucha consciente le permitirá a tus oídos abrirse a los sonidos sin prejuzgar. La mayor parte de lo que escuchamos diariamente ya ha sido filtrado por nuestras experiencias pasadas. Pero, a través de la escucha consciente, puedes lograr una conciencia presente y neutral, que te permitirá escuchar sin ninguna idea preconcebida.

Escoge una parte de una canción o una pieza de música que nunca hayas escuchado. Puedes elegir poner una estación de radio al azar o una lista e música que tengas en tu colección y que nunca hayas escuchado.

Ponte los auriculares y cierra los ojos. No juzgues la música por no ser de tu género preferido o porque no te gusta el artista. Ignora toda idea preconcebida que tengas sobre la música y déjate llevar por el sonido de toda la canción. Siente cada detalle de la canción, incluso si no te gusta la música que estás escuchando.

La importante es simplemente escuchar la música y sumergirte por completo en la canción, sin ninguna opinión o preconcepto sobre la letra, el artista o del género musical.

Valoración consciente

Este ejercicio de *mindfulness* te permitirá valorar cinco cosa que, por lo general, ignoras. Estas cosas deben ser objetos que usas todos los días o incluso gente que te rodea pero que son poco valoradas. Puedes hacer una lista de las cinco cosas que quiere valorar todos los días.

La finalidad de este ejercicio es simplemente mostrar gratitud y apreciar las cosas insignificantes de tu vida; es decir, apreciar las cosas que secundan tu existencia, pero que muy rara vez puedes valorar.

Por ejemplo: la Internet que te ha permitido descargar este libro, el panadero que hornea el pan sabroso que te encanta, tus ojos que te permiten ver, el clima agradable del día de hoy. Pero...

- ¿Sabes cómo surgieron estas cosas?
- ¿Te has parado un momento a reconocer propiamente cómo estas cosas o esta gente suman a tu vida?
- ¿Te has imaginado cómo sería tu vida sin ellas?
- ¿Cuándo fue la última vez que te detuviste por un momento a valorar sus mejores detalles?

Luego de identificar cinco objetos/personas, tómate un momento para descifrar todo lo que puedas acerca de cómo surgieron y cuál es su propósito, y así poder valorar verdaderamente la forma en la que secundan tu vida.

Capítulo 5: Vencer a la ansiedad a través de la meditación

Información reciente demuestra que, en los Estados Unidos, cerca de 40 millones de personas sufren de trastornos de ansiedad.

Los científicos creen que la causa de la ansiedad es nuestra mente excesivamente alerta como respuesta a nuestros esfuerzos por sobrevivir en el mundo moderno. Preocuparse o pensar de más puede provocar que la amígdala o el centro del miedo en el cerebro se expandan más y se vuelvan más reactivas a la ansiedad o al estrés.

Si crees que estás sufriendo de ansiedad, puedes recibir tratamientos médicos estándar, como por ejemplo la terapia cognitiva de comportamiento. También existen medicamentos sintéticos que pueden ser prescriptos para controlar los efectos de la ansiedad.

Sin embargo, la terapia puede ser costosa y, además, su compleción puede llevar meses. Además, los medicamentos pueden tener efectos secundarios adversos y no existe nada que garantice que funcionarán en todas las personas.

Si estás cansado de tener ansiedad y estás buscando una solución alternativa para calmar tu mente hiperactiva, la meditación *mindfulness* puede ser una solución para ti.

Puedes comenzar por entrenar tu mente para que esté menos ansiosa, incluso si nunca antes has probado la meditación.

Cómo vencer a la ansiedad a través del *mindfulness*

Algunos trabajos de investigación han confirmado que los beneficios de la meditación *mindfulness* liberan a la gente del estrés y la ansiedad.

Entre las diferentes formas de meditación, el *mindfulness* es considerado como la mejor opción para los principiantes, ya que está comprobado que es fácil y que no necesita de ningún tipo de entrenamiento particular para intentarlo. Aquellos que sufren de mucho estrés diario, como por ejemplo quienes trabajan en Silicon Valley y en Wall Street, practican el *mindfulness* para evitar el agotamiento y para mejorar su salud mental.

Los marines de Estados Unidos usan la meditación *mindfulness* para disminuir el estrés general laboral entre los soldados, para reducir los efectos del estrés postraumático y para mejorar el desempeño.

La meditación *mindfulness* transforma tu cerebro para que puedas lidiar con la ansiedad

Durante miles de años, antiguas civilizaciones de India y China han utilizado el *mindfulness* para conseguir la espiritualidad; pero, para la vida diaria, han usado esta técnica para relajar sus mentes.

Según la ciencia, sin embargo, el *mindfulness* es mucho más que una práctica mística de relajación. En verdad, puede transformar las funciones y la estructura de tu cerebro.

Gracias a las técnicas de neuroimagen actuales, estos cambios que se dan en el cerebro pueden ser fácilmente monitoreados e incluso medidos.

Un trabajo de investigación llevado acabo en la Universidad John Hopkins, Estados Unidos, llegó a la conclusión de que la meditación *mindfulness* es la mejor forma de meditación para combatir la depresión y la ansiedad, así como también para lidiar con el dolor.

Los beneficios del *mindfulness* alcanzan a muchas clases de condiciones mentales, como por ejemplo: trastorno de pánico, ansiedad social, trastorno de ansiedad generalizado, adicciones, agorafobia y depresión.

A continuación, te muestro algunas de las maravillosas maneras en que el *mindfulness* puede mejorar el funcionamiento de tu cerebro y también tu salud mental:

La meditación *mindfulness* restructura el cerebro hiperactivo

Resultados de varios estudios demuestran que la meditación *mindfulness* puede restructurar la manera en que el cerebro reacciona al estrés y a la ansiedad. Es fácil generar un nuevo hábito, y difícil detenerlo, ya que nuestro cerebro crea un canal neural sólido para esta actividad. Esto también pasa con tus patrones de pensamiento. Pero la ciencia ha demostrado que nuestro cerebro posee capacidad ilimitada de cambio. A esto se lo conoce como neuroplasticidad. Con el ejercicio de la meditación *mindfulness* puedes restructurar tu cerebro para que esté más concentrado.

La meditación *mindfulness* te prepara para tener diferentes visiones y percepciones

El *mindfulness* te permite ser consciente y detener tu máquina del tiempo interna que te hace evocar el pasado y preocuparte demasiado por lo que te deparará el futuro. En lugar de seguir un patrón de pensamiento ansioso sobre todos los posibles efectos negativos, puedes aprender a ser consciente de ello por lo que verdaderamente es y dejarlo ir. Esto le enseñará a tu cerebro a dejar ir las preocupaciones.

La meditación *mindfulness* neutraliza las sustancias químicas del cerebro

El *mindfulness* puede equilibrar el nivel de

sustancias químicas en tu cerebro. Puede elevar el nivel de ácido gammaaminobutírico (GABA), un neurotransmisor que te permitirá sentir felicidad. Durante un ataque de ansiedad, el nivel de GABA en tu cerebro es muy bajo. Con el *mindfulness*, el cerebro puede mejorar el estado de ánimo al elevar los niveles de serotonina, otro neurotransmisor que puede hacerte sentir feliz. Al mismo tiempo, el *mindfulness* puede ayudar a reducir los niveles de cortisol, conocido como la hormona del estrés.

La meditación *mindfulness* minimiza la inflamación del cerebro

La citocina es una sustancia química que se encuentra en el cuerpo y que es responsable de regular nuestras reacciones a las inmunidades. Niveles elevados de citocina en el cuerpo pueden conducir a inflamaciones crónicas, las cuales están vinculadas a la depresión, la ansiedad y otros problemas en el estado de ánimo. A través de la meditación *mindfulness*, la posibilidad de sufrir una inflamación en el cerebro se reducirá e incluso podrá alterar la expresión génica que causa inflamaciones. Te sorprenderá saber que al cuerpo solo le toma ocho horas de meditación para cambiar estos genes.

La meditación midnfulness mejora la salud de tu cerebro

El *mindfulness* puede mejorar el tamaño de tu cerebro y, también, su salud. Hay estudios que demuestran que los cerebros de aquellos que practican el *mindfulness* con regularidad muestran un incremento en el tamaño de la materia gris, en el espesor de la corteza cerebral y en el volumen del hipocampo. Además, el tamaño de la amígdala (la región del cerebro vinculada al estrés, la ansiedad y el miedo) se vuelve mínima. El *mindfulness* también puede mejorar las conexiones neurales entre diferentes áreas del cerebro.

Respiración *mindfulness* para vencer al estrés y a la ansiedad

No te lleva mucho tiempo comenzar a meditar. Puedes meditar tan poco como 10 minutos al día; esto es posible incluso para aquellos que están muy ocupados. Algunos promotores del *mindfulness* recomiendan incluso prácticas más cortas de meditación de tres minutos, porque puede ayudarte a crear un hábito al que puedas ceñirte.

Puedes comenzar con una meditación fácil de respiración *mindfulness*, que te ayudar a dejar de ir de un pensamiento al otro para poder ser consciente de tu presente.

Esto es lo que debes hacer:

- Encuentra un lugar tranquilo en donde te puedas sentar sin ningún tipo de distracción.
- Cierra tus ojos.
- Comienza a respirar normalmente y sé consciente de cómo respiras.
- Mientras respiras, debes decir "inhalo, exhalo" para ayudarte a mantenerte alejado de otros pensamientos.
- Si algún pensamiento aleatorio se hace presente, solo identifícalo como un pensamiento y, sutilmente, vuelve tu atención hacia tu respiración.

No pienses que tener pensamientos aleatorios en tu cerebro significa que has fallado en la meditación. Recuerda que el objetivo de la meditación es calmar tu mente y no estar libre de todo tipo de pensamientos. Es natural que el cerebro piense cosas aleatorias sin cesar. Tu objetivo es simplemente ser consciente de estos pensamientos cuando aparecen en tu cerebro y, sutilmente, volver a enfocar tu mente lejos de ellos.

Una mente excesivamente alerta puede tener efectos negativos en tu cerebro, incluidos el estrés y la ansiedad. Si necesitas superar la ansiedad sin recurrir a tratamientos médicos o a tomar medicamentos sintéticos, la meditación *mindfulness* es una forma comprobada para minimizar la ansiedad y el estrés y, al mismo tiempo, mejorar tu bienestar general. Va más allá de la práctica de ayudar a relajarte. En verdad, puede estructurar tu cerebro y volver a conectarlo para que tenga menos ansiedad. No requiere de ningún entrenamiento particular y puedes hacerlo durante tan poco como tres minutos.

Capítulo 6: Cómo ser feliz a través del mindfulness

Un estudio reciente de la Universidad de Harvard, Estados Unidos, investigó los hábitos de *mindfulness* de mas de 15.000 personas. A estas personas se las citó aleatoriamente y los investigadores les preguntaron si estaban concentrados en su actividad presente o si su mente estaba pensando cosas al azar; si la última opción era la correcta, les preguntaban si sus pensamientos eran agradables, desagradables o neutrales.
Los resultados del estudio demostraron que la mayoría de las personas tienen mentes divagantes. Reveló que nuestras mentes se dispersan el 47% del tiempo. Cuando tenían pensamientos desagradables, eran las personas menos felices. Sin embargo, declararon que se sentían felices cuando sus mentes no estaban divagando. Incluso eran más felices que cuando tenían pensamientos felices.
Esta es una prueba contundente sobre el

concepto principal del *mindfulness*. Puedes ser más feliz si te concentras y si estás consciente del presente. Este estado de *mindfulness* se desarrolla de dos maneras diferentes: a través de prácticas apropiadas de *mindfulness* o de meditación *mindfulness*, o a través de prácticas inapropiadas que implican básicamente concentrarse en el presente mientras transcurre tu rutina diaria.

Veamos cómo la meditación *mindfulness* puede volverte una persona más feliz.

La ciencia detrás del cerebro feliz

La corteza prefrontal izquierda es un área importante del cerebro, responsable por hacernos sentir felicidad. Está ubicada por detrás del lado izquierdo de la frente. Un estudio demuestra que hay aumento de actividad en este área cuando miramos una comedia, cuando recordamos momentos felices y cuando vemos a alguien sonreir. Los especialistas en neurociencias generalmente estudian este área del cerebro si desean entender la ciencia detrás de la elicidad.

Para investigar si la meditación

mindfulness afecta a esta región, el doctor Richard Davidson, de la Universidad de Winsconsin, estudió a Mattieu Ricard, un profesional de la meditación midnfulness, conocido como el hombre más feliz de la tierra. El doctor Davidson utilizó un escáner para electroencefalogramas con el fin de estudia el cerebro de Ricard durante la meditación. Cuando Mattieu comenzó a meditar, los niveles "gamma" en su cerebro estaban más allá de los normales, por lo que el doctor pensó que el escáner estaba roto.

Con este resultado favorable, el doctor Davidson volvió a realizar la prueba con un grupo más grande de practicantes del *mindfulness*, a quienes se los comparó con un grupo de estudiantes que nunca habían practicado la meditación. El resultado fue confirmatorio. El doctor Davidson descubrió que quienes meditaban experimentaban niveles elevados de actividad en la corteza prefrontal izquierda del cerebro, en comparación con los estudiantes.

Es importante destacar que la actividad

cerebral de aquellos que meditaban tenía relación con la cantidad de horas completas. Una mayor cantidad de horas de meditación se correlaciones con una mayor actividad cerebral. Este resultado es consistente en investigaciones sobre el *mindfulness*, incluso en aquellos practicantes sin experiencia. Por ejemplo, un estudio llevado a cabo en 2008 investigó un curso de *mindfulness* de ocho semanas. Los resultados demostraron que el nivel práctica del *mindfulness* en el hogar está estrictamente relacionado con el bienestar general.

Quizás pienses que la felicidad es algo que solo sientes como respuesta a lo que ves todos los días. Sin embargo, la ciencia indica que es una habilidad que puede ser trabajada, por lo que es algo que puedes aumentar con la práctica.

El *mindfulness* puede ayudarte a volverte más fuerte

Nuestros pensamientos afectan nuestro estado de ánimo. A través del *mindfulness* puedes volverte más fuerte frente a las emociones poco agradables. Hay un ciclo de retroalimentación existente entre nuestras emociones y nuestros pensamientos. Por ejemplo, si te afliges por un fracaso del pasado, quizás te sientes triste. Esto puede provocar pensamientos más negativos y contraproducentes que pueden hacerte sentir más triste aún. Puede ser que ni siquiera te des cuenta de ello.

Con la meditación *mindfulness*, puedes ser más consciente de estos patrones de pensamiento y ver cómo afectan tus emociones. Entonces, si comienzas a notar que estás en un círculo de pensamientos negativos, puedes volver a concentrar tu mente fácilmente en el presente y detener el espiral negativo en el que te encuentras. En otro estudio, las personas que formaron parte de un curso de *mindfulness* de un mes experimentaron un aumento importante en su estado de ánimo, así como también una reducción en el comportamiento y los pensamientos rumiantes. Los investigadores llegaron a la conclusión de que las mejoras en el estado de ánimo eran causadas inicialmente por la baja meditación.

Hacemos un montón de cosas diferentes cada día. Independientemente de si estamos yendo al trabajo, almorzando o hablando con amigos, nuestro cerebro tiende a dispersarse; y si estamos atrapados dentro de un círculo negativo, esto puede tener un gran efecto en la manera en la que nos sentimos. La meditación *mindfulness* funciona como una forma de amortiguador, que nos protege de los espirales de pensamiento que pueden abatir nuestro estado de ánimo.

Nivel de práctica necesaria para el *mindfulness*

En el estudio de Davidson, algunos participantes ya contaban con más de 10.000 horas de práctica de meditación. Sin embargo, no necesitas esperar tanto para poder ver los resultados. Algunos estudios han mostrado los beneficios de la meditación luego de tan solo 10 minutos al día, durante una semana. En general, los estudios sobre *mindfulness* demuestran una tendencia consistente a la relación dosis-respuesta. Por lo tanto, cuanto más practiques, mejores resultados obtendrás.

El *mindfulness* es muy parecido a hacer ejercicio. A pesar de las ventajas conocidas que tiene, es un hábito difícil de mantener. Lo mejor que podemos hacer es participar en programas de entrenamiento de *mindfulness*, destinados a mejorar el compromiso. Existen programas que integran la formación presencial y la tecnología, con el fin de mejorar la experiencia de la práctica del *mindfulness* para que se convierta en una parte de tu vida diaria.

El *mindfulness* funciona a través de la conciencia continua de tu cuerpo, incluidos tus pensamientos, sentimientos e intenciones. Tu estado mental y tu actitud positiva o negativa hacia lo que te rodea están estrechamente relacionados con tus experiencias de sufrimiento y de felicidad. Recuerda, el *mindfulness* es el estado de ser consciente de todo lo que sucede en el momento presente. Es una estrategia de autodesarrollo que cambiará el foco de tu mente para ser más feliz.

Ejercicio de *mindfulness* para ser más feliz
Ser consciente del ahora
El *mindfulness* es la conciencia constante y continua del presente. Una vez consciente del momento presente, puedes concentrarte en lo que está pasando, y puedes dejar de lado tus cargas emocionales y mentales. Para poder ser consciente, debes volver a configura tu mente.
Calma tu mente
Tu mente está continuamente ocupada con los sentimientos y los pensamientos sobre tu pasado y tu futuro. Para poder terminar con estos pensamientos sin sentido, debes aprender a etiquetar este ruido, ser consciente de él y cambiarlo a través de la concentración al *mindfulness*.
Concéntrate
Busca un lugar tranquilo para sentarte a meditar. Debes ser consciente de todo lo que está entrando a tu mente. Al traer paz al diálogo interno, puedes observar tus sentimientos y tus pensamientos sin etiquetarlos como positivos o negativos. El *mindfulness* entra en acción a través de la

conciencia continua de tu respiración y de tu postura corporal, de tus sentimientos, de tus pensamientos y de los objetos mentales que entran a tu mente durante la meditación. A través de la simple concentración, puedes aprender a ver las cosas como son, sin ningún tipo de idea preconcebida o juicio previo. Puedes sentarte a meditar de manera consciente por, al menos, 20 minutos por día.

<u>Sé consciente de tus actos</u>

Existe una gran posibilidad de que te hayas entrenado a tí misma, siguiendo a tu vos interior, para consumir energía . Puedes ser influenciada subconscientemente por tus sueños, tus preocupaciones y tus miedos. Proyectas, interpretas y especulas con las emociones, los pensamientos y las palabras que te rodean. Debes entrar en un estado de conciencia de tu momento presente sin las preconcepciones emocionales. Debes mantenerte alejado del arrepentimiento por cosas del pasado, así como también de la esperanza de más en el futuro. Mejorar tu capacidad de concentración te dará la oportunidad de cambiar una situación aparentemente insignificante en una especial.

Acuérdate de ti mismo

Acordarse de uno mismo es tratar de ser más consciente y deliberado. Este es un tipo de meditación activa que puedes practicar para ser consciente de ti mismo y de tu entorno. La importancia de la estrategia de acordarse de uno mismo es que mientras estás haciendo algo (comiendo, hablando, leyendo) deberías ser consciente de ti mismo.

Alimentación consciente

Siempre que estés comiendo, saborea el gusto de la comida a través del *mindfulness*, sin ningpun tipo de distracción externa. Deberías experimentar el sabor de tu comida sin televisión, celular o revista.

Caminata consciente

Cuando caminas por la playa, puedes ser consciente de los sonidos, de la temperatura del viento y de vista del sol. Debes ser consciente de cómo caminar y de cómo e sientes, pero sin dejar que tus pensamientos interrumpan tu caminata.

Sé consciente de tus pensamientos

El *mindfulness* intensifica tu conciencia de la naturaleza de tu mente. Una vez hayas aprendido a controlar tu mente y a escuchar a tu alma, podrás elegir continuamente ser feliz en lugar de estar triste.

Sé consciente de tus sentimientos

Ten en cuenta que la calidad de tu vida es proporcional a tu capacidad de ser feliz. Nuestra tendencia a ser felices está en nuestra determinación a enfocarnos en las cosas que tenemos a nuestro alrededor. Sé consciente de las formas de las nubes, del cantar de los pájaros, de la risa de los niños, de las bellas flores que crecen en tu jardín. Sé consciente de la sincronicidad de la naturaleza.

Capítulo 7: Cómo mejorar las relaciones a través del mindfulness

Nuestras relaciones son una de las fuentes importantes de felicidad para nosotros. Pero, al contrario, estas relaciones también pueden ser fuente de tristeza, estrés y ansiedad.

Mucha gente se pasa la mayor parte de su vida intentando descifrar cómo funcionan las relaciones, pero igualmente sienten que no son totalmente conscientes de ello. Pero, una vez que piensas más en ello, te darás cuenta que crear y nutrir relaciones sanas no es tan difícil y complicado como piensas.

La razón principal por la que encontramos difícil mantener nuestras relaciones es que la mayoría no vemos más allá de nuestras propias necesidades y deseos. Por lo tanto, si lidias con una persona que ve el mundo desde una perspectiva similar a la tuya, entonces, es posible que te encuentres en una lucha de poder, porque a ti también te gusta salirte con la tuya. En consecuencia, tus relaciones pueden estar plagadas de malentendidos y de conflictos.

Algunos creen que para nutrir nuestras relaciones tenemos que trabajar en la relación en sí. A pesar de que esto puede ser realmente esencial para toda relación saludable, en lo que realmente deberías trabajar es en ti mismo. Además de aprender cómo puedes ser más comprensivo y compasivo, también tienes que superar uno de los mayores obstáculos de las buenas relaciones: tus inseguridades.

Existen prácticas fáciles de *mindfulness* que pueden ayudarte a progresar significativamente en mejorar tus relaciones. Esto incluye la meditación *mindfulness*, la escucha profunda, la escritura consciente y el habla consciente.

Meditación *Mindfulness*

La meditación *mindfulness* es el núcleo de la práctica del *mindfulness*. Si no entendemos cómo funcionan las relaciones, nunc podremos ser más conscientes de cómo nuestras acciones y pensamientos afectan nuestras relaciones. Más allá de un mejor entendimiento de las relaciones, el *mindfulness* puede también ayudarte a obtener poder interior para combatir tus inseguridades.

Practicar la meditación *mindfulness* puede resultar fácil. Como ya hemos dicho en los capítulos anteriores, todo lo que necesitas hacer es buscar un lugar tranquilo en el que nadie pueda interrumpirte por algunos minutos. Debes sentarte en una silla, con tus pies planos en el piso, tu espalda derecha y tus manos en una posición práctica. Cierra tus ojos y comienza a ser consciente de tu respiración. Una vez que tu mente se aleje, debes volver tu concentración hacia tu respiración.

Es completamente normal que tu mente divague. La meditación *mindfulness* no exige la perfección. Simplemente, trata de mantenerte concentrado en tu respiración. Luego de algunos minutos, tu mente comenzará a ordenarse. Si eres un principiante, puedes comenzar a meditar por unos 10-15 minutos cada sesión. Luego, puedes aumentar la duración de las sesiones a 20-25 minutos.

Esta práctica calmará tu mente y, además, puede ayudar a estabilizar tus emociones, para que evites reaccionar tanto a las acciones o a las palabras de la gente que te rodea. Esto también te ayudará a obtener una visión más clara del mundo.

Escucha activa

Solo unas pocas personas entre nosotros saben realmente cómo escuchar profundamente a la gente con la que se comunican. Pocas veces pensamos cómo vamos a contestar a alguien, nuestras mentes en general están divagando. Puede resultar difícil prestar atención, ya que la mente puede estar inquieta y tú no puedes esperar más para discutir el siguiente orden del día. Por lo tanto, podemos estar perdiéndonos mucho de lo que la otra persona nos está diciendo. Esta es una de las razones principales por las que se nos hace difícil recordar nombres cuando conocemos a las personas por primera vez. No se trata solamente de nuestra memoria que se va volviendo débil, sino de que no estábamos prestando atención cuando nos dijeron sus nombres.

La mayoría de la gente puede darse cuenta de que la persona con la que están hablando no está escuchando. Esto transmite un claro mensaje: cuánto valoramos lo que tienen los demás para decir. Demuestra preocupación y respeto, y esto puede llevar a atraer armonía a nuestras relaciones.

La práctica de la escucha profunda puede resultar muy fácil. Puedes empezar por mirar directo a los ojos a la gente con la que estás hablando. Centra tu atención en lo que te están diciendo, y pelea contra la tendencia de tu mente a divagar. Y si fallas en prestar atención, puedes fácilmente decirle a la otra persona que no escuchaste algo que dijo y pedirle que lo repita. Esto demostrará que eres una persona sincera y que estás tratando de darle toda tu atención. De seguro te sorprenderás de cuánto puede ayudarte la escucha profunda.

Habla consciente

Algunos conflictos se desencadenan por simples malos entendidos. Tu amigo malinterpretó lo que le has dicho o dio por sentado tus intenciones. Una vez que estás involucrado en la conversación, puedes decir lo que sea que tengas en mente. Es extraño pararse a pensar cómo otras personas interpretarán tus palabras. Tendemos a asumir que comprenderán completamente lo que queremos decir. A pesar de que no existe manera alguna de controlar cómo los demás van a entender nuestras palabras, lo mejor sigue siendo disminuir las chances de ser mal interpretado.

Para practicar el habla consciente, comienza por ignorar la tentación de reaccionar a las acciones y a las palabras de los demás. Detente y elige tus palabras con cuidado. Elige palabras que son respetuosas, compasivas y cariñosas. En todo momento, deberías usar un tono no amenazador y sereno. También deberías tener en cuenta que no siempre es necesario dar tu opinión. Hay momentos en los que el silencio es mejor que las palabras.

Escritura consciente

Entre las muchas razones por las que nos

topamos con relaciones difíciles está nuestra actitud acerca de otra gente. Muchos de nosotros estamos más preocupados por nuestras necesidades.

Entonces, nuestra estrategia para lidiar con los demás será controvertida, ya que los vemos como una amenaza para nosotros, que obtienen o se guardan las cosas que creemos que nosotros necesitamos para ser felices. Esto sucede cuando nuestra felicidad depende de cosas y circunstancias externas.

Escribir de manera consciente es una práctica de *mindfulness* que puede cambiar fácilmente nuestra visión de los demás sin demasiado esfuerzo. Es muy fácil hacerlo: simplemente, escribe algunas características positivas en un papel por unos 5 a 10 minutos todos los días. Eso es todo. Esta práctica grabará esas características en lo profundo de tu mente. Después de una semana, te puedes encontrar tratando a las personas de una manera diferente a la de antes, porque te has vuelto más comprensivo, amoroso y compasivo.

Estoy seguro de que quieres mejorar tus relaciones con la gente que te rodea. Sin embargo, puedes no estar muy seguro de cómo hacerlo. Los ejercicios conscientes que describí anteriormente pueden ayudarte a comprender tus relaciones radicalmente. Estos son los pilares de la práctica del *mindfulness* y te ayudarán a comprender mejor tus relaciones, para que puedas nutrir conexiones con más amor.

Conclusión

Otra vez, ¡gracias por adquirir este libro! Espero que te haya ayudado a aprender los aspectos de la meditación *mindfulness* que te cambian la vida, más allá del alivio del estrés y de la solución de la ansiedad.

El siguiente paso es asegurarte de practicar el *mindfulness* al menos 10 minutos por día, y de integrar el arte del *mindfulness* a tu vida diaria.

Recuerda que, al igual que cualquier otro ejercicio, el *mindfulness* solo puede cambiar tu vida si lo practicas regularmente.

¡Gracias y buena suerte!

www.ingramcontent.com/pod-product-compliance
Lightning Source LLC
Chambersburg PA
CBHW071853070526
44583CB00016B/1664